时代华商
物业管理
策划中心

组织编写

智慧物业管理与服务系列

物业服务流程与工作标准

全国百佳图书出版单位

 化学工业出版社

·北京·

内容简介

《物业服务流程与工作标准》一书由客户服务流程与工作标准、秩序维护服务、工程维保服务、保洁服务、绿化服务内容组成，可为物业管理者提供参考。

本书强调实际操作技能与要求，对每项工作的业务流程、服务的规范与标准都进行了梳理、规范，尤其是明确各项服务人员的礼仪、礼节标准，使各项服务有章可循，使物业基层服务人员的整体素质和业务能力得以提升。

本书可作为物业公司基层培训的教材，物业公司也可运用本书内容，结合所管辖物业的实际情况，制定有本公司特色的物业服务工作标准。

图书在版编目（CIP）数据

物业服务流程与工作标准／时代华商物业管理策划中心组织编写．—北京：化学工业出版社，2022.9（2023.5重印）
（智慧物业管理与服务系列）
ISBN 978-7-122-41481-6

Ⅰ．①物…　Ⅱ．①时…　Ⅲ．①物业管理-商业服务-业务流程-标准　Ⅳ．①F293.33-65

中国版本图书馆CIP数据核字（2022）第085985号

责任编辑：陈　蕾　　　　　　　　　装帧设计：溢思视觉设计／程超
责任校对：田睿涵　　　　　　　　　　　　　　　E-mail: isstudio@126.com

出版发行：化学工业出版社（北京市东城区青年湖南街13号　邮政编码100011）
印　　刷：北京云浩印刷有限责任公司
装　　订：三河市振勇印装有限公司
710mm×1000mm　1/16　印张12　字数161千字
2023年5月北京第1版第2次印刷

购书咨询：010-64518888　　　　　　　售后服务：010-64518899
网　　址：http://www.cip.com.cn
凡购买本书，如有缺损质量问题，本社销售中心负责调换。

定　　价：49.80元　　　　　　　　　　　　　　　　版权所有　违者必究

前言
Preface

　　随着城市化进程的不断加快与深入，居民社区、写字楼、大型商场、公共基础服务设施、工业园区、学校、医院、景区等都对物业管理这一行业有着极大的需求。但是，针对不同等级的物业标准又为物业管理的要求提出了相应的规范，而现代高水平的物业管理正有推向智能化发展的趋势，打造一个便捷、舒适、高效、智能的物业管理氛围是现代物业管理不断向前发展的探索目标。

　　目前，物业管理行业不仅需要强化各项信息化手段在现代物业管理中的应用力度，还应促使现代物业管理向着智能化方向发展。突出现代物业管理的智能化内涵，满足现代化社区对其中物业管理提出的要求，为居民提供更加智能化、人性化的服务，推动物业服务高质量发展。

　　2020年，住房和城乡建设部、工业和信息化部、国家市场监督管理总局等6部门联合印发《关于推动物业服务企业加快发展线上线下生活服务的意见》中明确指出，要推进物业管理智能化，强调推动设施设备管理智能化。物业管理行业逐渐进入泛智慧化的新阶段，设施设备作为物业管理领域中的重点和难点，同时也是融合新技术进行价值赋能最好的试验田，成为各物业公司的"必争之地"，其中以建筑智能化为抓手进行数字化转型已成为发展智慧物业的主要落脚点之一。

智慧物业借助智慧城市、智慧社区起步发展，正逐步实现数字化、智慧化。智慧停车、智慧安防、智慧抄表、智能门禁、智能会议等智能化应用，在一定程度上提高了物业管理企业的态势感知、科学决策、风险防范能力，在激烈的市场竞争中为降本增效提供了充分的技术保障，进而增强企业的数字化治理能力。数字化治理是新时代下智慧物业管理应用的鲜明特征，将引领物业管理行业管理方式的深刻变革，推动面向建筑智能化的智慧物业应用迈向新高度。

现代物业管理既是机遇又是挑战，因此，物业服务企业要重视各类专业的智能化管理技术，从劳动密集型向技术密集型转变，不断学习更新管理服务技术，紧跟科技潮流，向着更广阔的发展前景迈进。

基于此，我们组织相关职业院校物业服务专业的老师和房地产物业咨询机构的老师联合编写了本书。

《物业服务流程与工作标准》一书由客户服务流程与工作标准、秩序维护服务、工程维保服务、保洁服务、绿化服务内容组成，可为物业管理者提供参考。

　　本书在编写过程中引用的范本和案例，大都来自知名物业企业，但范本和案例是为了解读物业服务企业标准化实操的参考和示范性说明，概不构成任何广告。

　　由于编者水平有限，加之时间仓促、参考资料有限，书中难免出现疏漏，敬请读者批评指正。

编　者

目录

Contents

第一章 1

客户服务流程与工作标准

客户服务作为物业管理中的核心环节不容忽视，其不但担负着接受业主（用户）投诉、报修工作，还担负着随时向业主（用户）传递服务中心各项信息、向业主（用户）展示物业管理人良好形象的责任，因此客户服务应有规范的流程及标准。

第二章
39

秩序维护服务

　　物业提供秩序维护服务的主要目的是为业主（用户）提供优质的居住环境，保证业主（用户）安全、有序的同时，让其感受到亲情服务。要达成这一目的，也要建立规范的服务流程与标准，才能实施、督促安全秩序维护。

第三章

93

工程维保服务

　　工程维保服务关系到服务成本和企业资金的合理利用，关系到设备的技术安全和小区和谐，因此，物业管理企业应规范工程维保服务的流程和标准，以便让业主（用户）满意，使设备设施完好，并合理控制成本。

第四章

133

保洁服务

　　如今的"保洁服务"，有了现代化的清洁设备，有了经过专业培训的保洁员，他们身穿统一的制服，用规范的服务和得体的行为举止得到了业主（用户）的认可，已成为现代物业管理的重要内容。

第五章

157

绿化服务

　　小区绿化为业主（用户）创造了富有生活情趣的环境，是环境质量好坏的重要标志。随着人们物质、文化生活水平的提高，不仅对居住建筑本身，而且对居住环境的要求也越来越高，因此，物业管理企业应制定规范的流程和标准来提升绿化服务的质量。

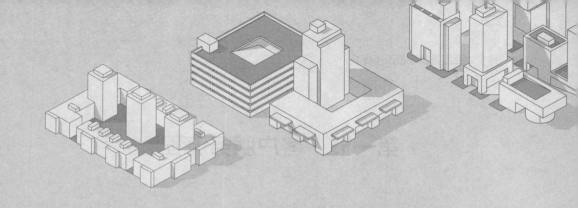

第一章 | 客户服务流程与
Chapter one | 工作标准

　　客户服务作为物业管理中的核心环节不容忽视，其不但担负着接受业主（用户）投诉、报修工作，还担负着随时向业主（用户）传递服务中心各项信息、向业主（用户）展示物业管理人良好形象的责任，因此客户服务应有规范的流程及标准。

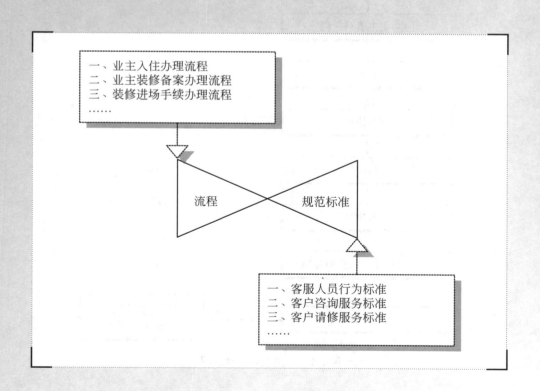

一、业主入住办理流程
二、业主装修备案办理流程
三、装修进场手续办理流程
……

流程　　　　规范标准

一、客服人员行为标准
二、客户咨询服务标准
三、客户请修服务标准
……

第一节　客户服务流程

一、业主入住办理流程

业主入住办理流程如图1-1所示。

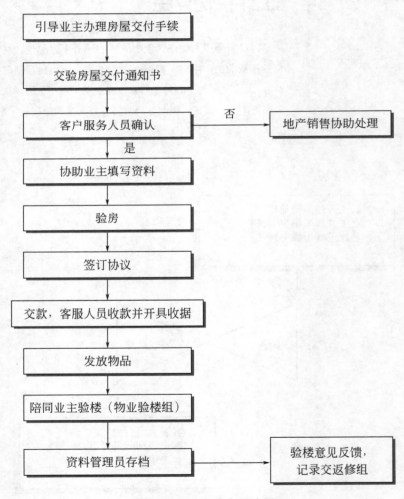

图1-1　业主入住办理流程

二、业主装修备案办理流程

业主装修备案办理流程如图1-2所示。

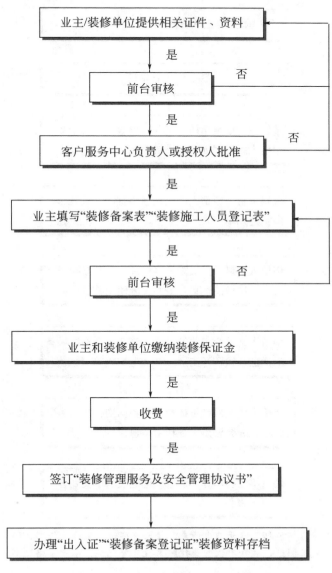

图1-2　业主装修备案办理流程

三、装修进场手续办理流程

装修进场手续办理流程如图1-3所示。

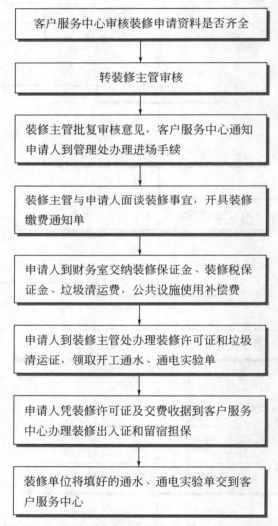

客户服务中心审核装修申请资料是否齐全

↓

转装修主管审核

↓

装修主管批复审核意见，客户服务中心通知申请人到管理处办理进场手续

↓

装修主管与申请人面谈装修事宜，开具装修缴费通知单

↓

申请人到财务室交纳装修保证金、装修税保证金、垃圾清运费，公共设施使用补偿费

↓

申请人到装修主管处办理装修许可证和垃圾清运证，领取开工通水、通电实验单

↓

申请人凭装修许可证及交费收据到客户服务中心办理装修出入证和留宿担保

↓

装修单位将填好的通水、通电实验单交到客户服务中心

注：装修申请资料包括装修开工申请表、装修许可证、装修承诺书、防火责任书、施工合同、施工图纸、装修单位营业执照、税务登记证、承建资格证书。

图1-3　装修进场手续办理流程

四、施工人员出入证办理流程

施工人员出入证办理流程如图1-4所示。

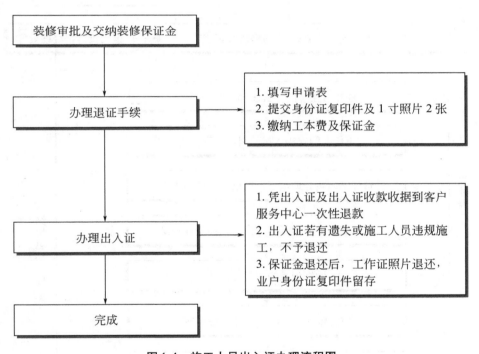

图1-4 施工人员出入证办理流程图

五、客户信息处理流程

客户信息处理流程如图1-5所示。

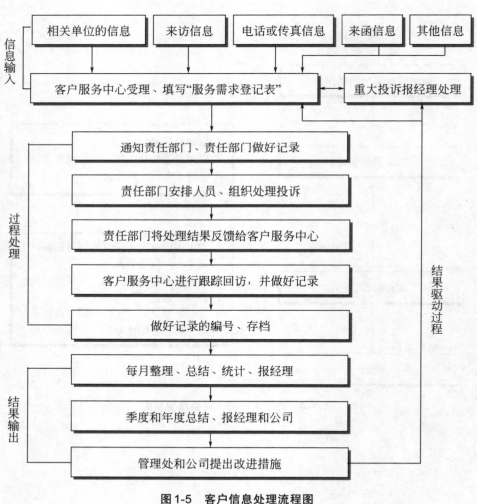

图1-5　客户信息处理流程图

六、装修完工验收退款流程

装修完工验收退款流程如图1-6所示。

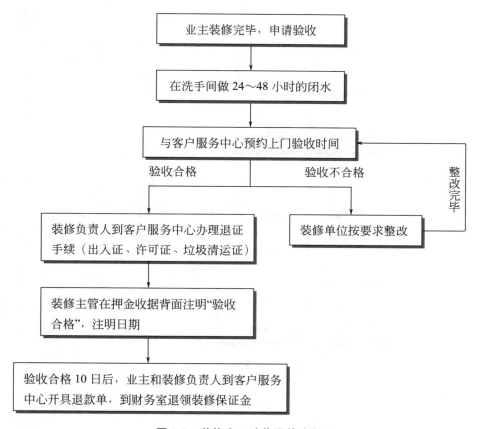

图1-6 装修完工验收退款流程

七、客户咨询服务程序

客户咨询服务程序如图1-7所示。

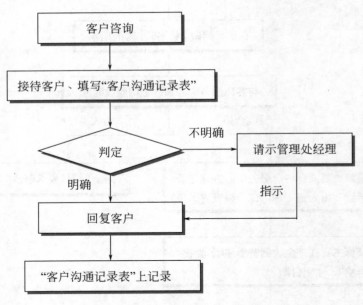

图1-7　客户咨询服务程序

八、"工程维修单"工作流程

"工程维修单"工作流程如图1-8所示。

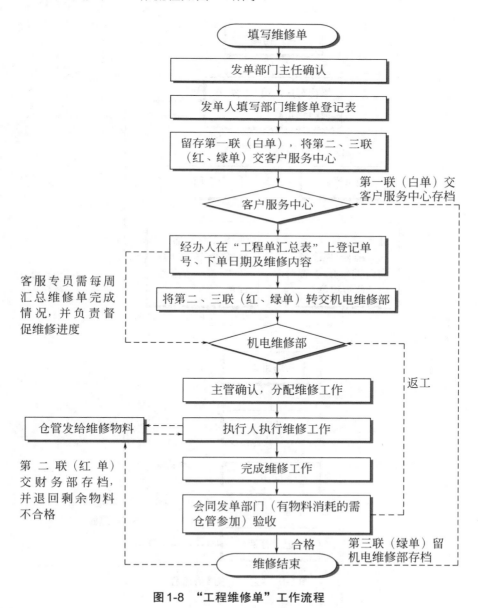

图1-8　"工程维修单"工作流程

九、客户请修服务流程

客户请修服务流程如图1-9所示。

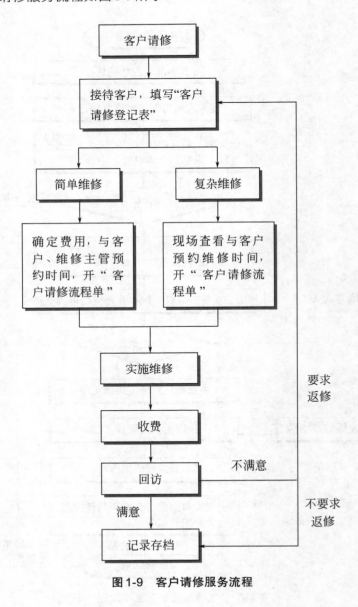

图1-9 客户请修服务流程

第二节　客户服务规范与标准

一、客服人员行为标准

（一）仪容仪表

仪容仪表标准如表1-1所示。

表1-1　仪容仪表标准

部位	男性	女性
整体	自然大方得体，符合工作需要及安全规则，精神奕奕，充满活力，整齐清洁	
头发	头发要经常梳洗，保持整齐清洁、自然色泽，切勿标新立异	
发型	男员工前发不过眉，侧发不盖耳，后发不触后衣领，无烫发 	女员工发长不过肩，如留长发须束起或使用发髻
面容	脸、颈及耳朵绝对干净，每日剃刮胡须	脸、颈及耳朵绝对干净，上班要化淡妆，但不得浓妆艳抹或在办公室内化妆
身体	注意个人卫生，身体、面部、手部保持清洁，勤洗澡，无体味，上班前不吃异味食物，保持口腔清洁，上班时不在工作场所内吸烟，不饮酒，以免散发烟味或酒气	
饰物	领带平整、端正，长度一定要盖过皮带扣，领带夹夹在衬衣自上而下第四个扣子处，注意各部细节，头巾是否围好，内衣不能外露等，上班时间不佩戴夸张的首饰及饰物	

续表

部位	男性	女性
衣服	（1）工作时间内着本岗位规定制服，非因工作需要，外出时不得穿着制服 （2）制服应干净、平整，无明显污迹、破损 （3）制服穿着按照公司内务管理规定执行，不可擅自改变制服的穿着形式，私自增减饰物，不敞开外衣，不卷起裤脚或衣袖 （4）制服外不得显露个人物品，衣、裤口袋整理平整，勿显鼓起 （5）西装制服按规范扣好，衬衣领、袖整洁，纽扣扣好，衬衣袖口可长出西装外套袖口的 0.5 ～ 1 厘米 	
裤子	裤子要烫直，折痕清晰，长及鞋面	
手	保持指甲干净，不留长指甲及涂有色指甲油	
鞋	鞋底、鞋面、鞋侧保持清洁，鞋面要擦亮，以黑色为宜，无破损，禁止着露趾凉鞋上班	
袜	男员工应穿黑色或深蓝色、不透明的短中筒袜	女员工着裙装须着肉色袜，禁止穿着带花边、通花的袜子，袜无破洞，袜筒根不可露在外
工牌	工作时间须将工作牌统一按规范佩戴，一般佩戴在左胸显眼处，挂绳式应正面向上挂在胸前，保持清洁、端正	

（二）工作行为标准

工作行为标准如表 1-2 所示。

表1-2　工作行为标准

项目	规范礼仪礼节
接待来访	（1）客户来访时，应面带微笑起身，热情、主动问候："您好，有什么可以帮到您吗？" （2）与客户沟通时，须起身站立、身体略微前倾、眼望对方，面带微笑，耐心倾听，并点头致意表示认真倾听 （3）对所有客户应一视同仁，友好相处，热情亲切 （4）办事讲究方法，做到条理清晰，不急不躁 （5）与客户道别主动讲："先生/小姐，再见！""欢迎您再来"等
接受电话咨询	（1）严格遵守接听电话的礼仪 （2）对客户服务口径专业、一致，避免不同工作人员对同一问题给客户的解释出现偏差
接受投诉	（1）接受客户投诉时，应首先站在客户的角度思考问题，急客户之所急，想客户之所想，尽量考虑周到 （2）与客户约定好的服务事项，应按时赴约，言行一致 （3）不轻易对客户许诺，一旦许诺就必须守信，按约定期限解决；不能解决的，应立即向上级或相关部门反映，并及时跟踪和向客户反馈问题进展的程度，直到问题解决 （4）处理问题时，如客户觉得不满意，要及时道歉，请求对方谅解，可说"请您原谅""请您多包涵""请您别介意" （5）对客户的表扬要婉言感谢
办理各类收费业务（如门禁、会员卡、停车卡等）	（1）熟悉业务操作规程，办事迅速，工作认真细致，不忽视任何影响服务质量的细小环节 （2）及时提出改善工作流程的好办法，提高部门的服务层次 （3）礼貌地请客户出示所需的证件，"请、您"字不离口 （4）为客户准备好笔和表格，耐心细致地引导客户填写表格 （5）向客户解释清楚相关的收费标准 （6）请客户交费，将开具的发票收据和零钱以双手奉上，并说："这是您的发票和零钱，请收好"，同时微笑注视客户，等客户确认无误后，向客户表示感谢
收取拖欠物业管理服务费	（1）首先电话预约客户，与客户约定来交费的时间，并在电话中清楚地告之其拖欠费用的款项和数目 （2）如特殊情况要上门收费时，要尊重客户的生活习惯和个人喜好，因工作造成的打扰应诚恳道歉，同时也不能对客户家里有任何评价

右上角：续表

项目	规范礼仪礼节
收取拖欠物业管理服务费	（3）工作时精神振奋，情绪饱满，充满自信，不卑不亢，对工作有高度的责任心，积极主动，尽职尽责，任劳任怨 （4）如收费中碰到投诉，对态度不好的投诉客户要理智冷静，自己不能处理时，予以记录，并及时报告上一级领导 （5）对客户的意见应诚挚道歉并虚心接受 （6）客户交费时，要及时出具相关费用明细表，如客户有疑问，要做好相关的解释工作 （7）客户交费后，将开具的发票和找零用双手奉上给客户，同时微笑注视客户，等客户确认无误后，向客户表示感谢

二、客户咨询服务标准

（一）客户咨询的内容

客户服务中心往往会接到业主（用户）的各种咨询电话，为了给客户提供管理区域内吃、住、行、游、娱、购等信息，宣传物业管理相关法律法规，满足客户对管理对象和物业管理活动等知情权的需求，应勤加搜集信息。并且为了保证为客户提供统一、正确的咨询，避免不同职员或同一职员在不同时段为客户提供不统一或错误的信息，最好是将这些信息编成小册子，供培训、查询使用。小册子的内容可包括：

（1）物业的基本情况。

——占地面积、总建筑面积、绿化面积、容积率、绿化率、栋数、每栋层数、车位数量。

——总户数、总人数、已入伙户数、常住户数。

——物业管理费、专项维修资金收取标准；水、电、气、空调、有线电视、电话、宽带收费标准。

——匪警、火警、急救、液化气抢修、水电抢修、有线电视、电话维修，管理处、派出所、宽带维护、投诉，管理处主管级以上人员电话。

——入住二次装修、开放行条、车位办理、入住等需携带物品、办理程序。

（2）房屋设施设备及配套情况。

（3）管理处的运作体系。

（4）周边信息。

——当地主要的风土人情、生活习惯、爱好、禁忌等。

——国内、国际航班，火车、汽车在当地抵离时间、票价。

——周边主要配套设施的服务内容和电话号码，营业时间。如电影院、音乐厅、戏院、展览馆、医院、银行、商场、体育设施、学校等。

——当地政府部门、公安、城管、供电局、水务局、燃气公司、有线电视、电话、宽带等的运作情况；当地著名的游览胜地的特色、名称和抵达方法；了解当天天气预报、空气质量及其他公共信息项目。

（5）物业管理相关法律、法规。

（6）客户容易产生误解及常用疑难问题。

可以在客户服务中心预备相应的资料。

——各种交通工具的时刻表、价目表、里程表，世界地图、全国地图、全省和本市地图。

——旅游部门出版的介绍本国各风景名胜的宣传册，本公司和所属集团的宣传册。

——全国、全省、本市的电话号码簿及邮政编码簿，交通部门关于购票、退票的详细规定，当日报纸、企业报。

（二）态度要求

遇到业主（用户）来电或来办公室咨询，都应给予热情接待，主动询问，面带微笑，不得刁难，不得推诿，并做到对熟人、陌生人一个样、对大人小孩一个样、忙时闲时一个样，如图1-10所示。

图1-10　热情接待客户咨询

三、客户请修服务标准

（一）了解业主（用户）日常报修的范畴

1. 中修

中修是指不到大修范围和程度，而小修又不能解决的单项修理。修理费用较高、工程量较大、修理周期较长的一般都列入中修的修理范围。如屋面局部漏水，个别楼层卫生间、厨房间、管道、马桶、面盆、水斗漏水，墙面损坏、渗水，上下管道局部堵塞等。中修要进行预、结算，完工后要进行验收，并需有一定的审批手续。

2. 小修

小修是指修复小坏小损，以保持原来房屋完整程度的日常养护。私人住宅的小修包括表1-3所示的几个方面。

表1-3　小修的几个方面内容

类别	报修内容
电器方面	熔断丝、漏气开关、电源插头座、各种灯头、灯座、灯泡、灯管、线路的故障和更换
给排水方面	（1）各种龙头失灵故障 （2）各种水闸的损坏 （3）上下水道堵塞不畅 （4）各种配件失灵和损坏 （5）上下水管漏水，水表故障
配套设备方面	（1）热水器的保养和维修〔整机报废，业主（用户）自行购置或代购更换〕 （2）油烟机保养和维修〔整机报废，业主（用户）自行购置或代购更换〕
门窗、小面积的地板及内墙方面	（1）木质门窗和铝合金门窗的修理 （2）小面积木质地板的修理和更换 （3）少量面砖、地砖、瓷砖损坏的更换等 （4）修配、更换及开启各种门锁
其他日常修理服务	消防设施的报修，门窗、地砖的报修，电表箱、总水闸的报修，门禁系统的报修等

（二）维修服务接待要求

1.业主（用户）亲自来报修

业主（用户）前来申报维修服务项目时，业主（用户）服务接待人员应起立、微笑，主动招呼："您好，请问我能为您做些什么？"并填写"请修登记表"。

2.电话报修

业主（用户）电话申报维修服务项目时，当电话铃声响三次前应立即接听电话，并作礼貌应答，"您好，请问我能为您做些什么？"接待人员边接听电话，应边做记录，接听电话将结束时，应待业主（用户）先说"再见"后，方可应答"再见"。

（三）区分维修内容的轻重缓急

在业主（用户）申报维修时，要根据业主（用户）的态度判断所申报的项目是否应列为紧急项目。有些虽然可以不需马上处理而另约时间，但若业主（用户）强烈要求马上处理，则要尊重其意愿，即刻与维修部门联系处理，尽量满足业主（用户）的要求；有的需立即处理，如水管爆裂、夜晚开关熔丝烧断等，给业主（用户）的生活带来很大不便甚至损害，则应立即与维修部门联系处理。在紧急情况下，申报人可能表达不清，这时，接待人员要用语言如"别着急""别担心，我们会马上为您处理的！"等来安慰申报人尽量使之平静下来，同时，尽量加快做记录的速度。

（四）区分无偿维修与有偿维修

管理处为业主（用户）提供的维修服务项目中，有些并不属于物业管理的责任范围，所以其材料、人工等成本费用需由业主（用户）承担。一般情况下，管理处会为业主（用户）提供的服务项目资料中标明哪些项目属于无偿服务，哪些属于有偿服务。但实际工作中业主（用户）往往不会记得，所以，当业主（用户）申报时，接待人员应判断是否属于有偿维修项目，如果是，则应明确地将相关规定与价格向业主（用户）做出提示，得到业主（用户）的认可后，再商定维修的具体事宜。

此环节中，可能会出现业主（用户）不认可，甚至会责骂接待人员或物业管理处，这时，接待人员应尽量不与业主（用户）发生任何正面的冲突，而始终保持平静的心态，耐心地劝导业主（用户），直至问题得到圆满的解决。

（五）做好详细记录

业主（用户）申报维修时，业主（用户）接待人员按业主（用户）姓名、住址、电话、申报维修服务内容、预约上门日期、时间等逐项填写"客户请修登记表"，同时同客户约定上门检查时间及上门维修时间。

> **❓ 小提示**
>
> 　　在记录时，应主动询问以上全部所需内容，即使有些业主（用户）因情况紧急而耐心不足，也该尽量在最短的时间内问询到这些资料，避免因遗漏任何项目而给后面的维修工作造成不便。

（六）通知机电维修部

事务助理在"客户请修流程单"填写好客户相关请修信息后，须在短时间内将之转交给机电维修主管或机电维修主管指定的负责人（如班长），通知其安排修理。

（七）事后跟踪

（1）事务助理对比较复杂的维修要跟进、督促，并将"客户请修流程单"存档。

（2）事务助理按回访规定的时间及时进行回访，回访情况记录在"客户请修登记表"上相应的回访栏上，请修回访率为30%。

四、客户搬入搬出放行条办理服务标准

小区的客户搬出/入，如客户搬家、搬运部分大件物品、装修单位搬运机具、外来维修单位搬运工具等，须为其办理放行条。

（一）客户搬出放行条

（1）若将物品搬出小区，需至管理处客户服务中心办理手续，事务助理核对客户身份，并记录下客户身份证号码，若不能确定身份需有业主书面说明或与业主联系同意搬出。事务助理填写"客户搬出/入登记表"，开具"放行条"，并通知秩序维护。

（2）若为迁出小区居住，需提前至管理处客户服务中心办理手续，事务助理询问客户房号，核对姓名，记录客户身份证明号码，仔细检查客户管理费、水电费、车位使用费等费用是否交清，如为租户的应由客户提供业主同意搬家的证明，如果确实不能提供的，可由事务助理与业主联系确定业主是否同意其搬出。事务助理填写"客户搬出/入登记表"，签署搬出"放行条"并通知秩序维护员放行，如表1-4、图1-11所示。

表1-4　客户搬出/入登记表

业主姓名	住址	拟搬时间	搬运人	搬运人证件号	搬运人联系电话	有无欠费情况	业主意见	放行条号

（两联：第一联（存根）由客服中心保留　第二联 由携运人交给门岗或车库岗等放行人员）

放行条签发日期：＿＿＿年＿＿＿月＿＿＿日＿＿＿时＿＿＿分　　　　编号：

房号或区域							业主、使用人签名
有效期限	＿＿＿年＿＿＿月＿＿＿日至＿＿＿年＿＿＿月＿＿＿日有效						
携运事由	□进入		□外出，去往：				
携运物资	名称	规格	数量	名称	规格	数量	
携运人身份	姓名：	□业主/住户		□租户		□委托人	
	证件：						
兹特通知秩序维护部，由以上人士携带本清单列明货物请予放行。	客服人员签字			核实人员签字			

图1-11　放行条

（二）客户迁入放行条

客户迁入时，若为业主应在客户服务中心按照"客户入住手续办理流程"办理相关手续，由客户服务中心开搬入的"放行条"，若为租户由业主出具证明，在客户服务中心办理相关的手续，由客户服务中心开搬入的"放行条"。事务助理填写"客户搬出／入登记表"。

客户搬入时，秩序维护员查看"放行条"放行。

（三）装修单位、外来作业单位的搬运

装修单位、外来作业单位搬运机具时核实装修或作业地址，并记录搬运人身份证明号码，开具"放行条"。

> **❓ 小提示**
>
> 在为客户办理搬出／入放行条时，要提醒客户使用电梯应避免高峰期，尽量不占用消防通道停车，实在无法避免，不得停车超过30分钟，应保持环境卫生，爱护公共财产，损坏公共设备的照价赔偿。

五、拖欠费用催缴服务标准

（一）拖欠费用的种类

物业管理小区内，客户可能会拖欠的费用包括应交的管理服务费、水电费、专项维修资金、车场场地使用费等。

（二）催缴工作要求

（1）当上月费用被拖欠时，事务助理规范填写"费用催缴通知单"，并分发给收费员，由收费员发放到各欠费的客户家，上门服务要礼貌，如图1-12所示。

催缴通知

尊敬的_____业主（住户）：

    本服务中心谨提醒您，我公司于____年____月____日致住户缴费通知中所提及____月份的物业管理费用(清单附后)合计人民币_____元，迄今已过缴费期您户仍未付清。本服务中心唯恐您事务繁忙而遗忘，现特函通知，请您于百忙之中尽快做出付款安排，在本月____日之前将上述费用缴至××客服中心，逾期本司将依照相关规定按日加收 3‰的滞纳金。若阁下对欠款有疑问，请亲临本服务中心核对或致电查询。

    感谢您对我们工作的支持！

    若您已缴清上述款项，请毋须理会本通知。

此致！

××物业管理有限公司

客服中心

____年____月____日

费用清单

大楼名称：		房间代码：		建筑面积：			客户：		
缴费项目	上月读数	本月读数	本月用量	标准单价	计划外价	本月费用	往月欠费	滞纳金	应交合计
水									
电									
气									
物业管理费									
水电公摊									
其他									
合计金额（小写）：									
合计应交金额（大写）：									
备注：客服中心周六、周日不休。									

图1-12　催缴通知及费用清单

（2）第二个月费用仍被拖欠时，第三个月再次发放，并限三天内缴清费用。三天过后仍未缴清者可根据供电局或自来水公司的要求停止其水电供应。

（3）对欠费大户，管理处客服主管（无客服主管由管理处经理）亲自登门拜访，并做解释和劝导工作。上门拜访时应有书面的客户欠费说明及费用明细表，一式两份，需欠费客户签字认可，各持一份。

费用明细表内包括客户名称、应缴费期间。按月列清应缴纳的费用及拖欠费、滞纳金、合计费用等。

（4）若客户长期拖欠至一年，可依据物业管理相关法律法规对其起诉，用法律手段强制收回。

（5）对确有困难者，可延期 1 ～ 2 个月。

（6）除此之外，客户服务中心还要做好欠费客户的统计与管理，以便跟进催缴工作。欠费统计表如表1-5所示。

表1-5　欠费统计表

项目：　　　　　　　　　　　　　　　　___年___月　　　　　　　　　NO:

序号	房号	业主姓名	欠费月份	欠费金额	欠费原因	业主要求	协调次

（三）停车费的催缴

（1）收款员每月检查停车费的交缴情况，列出停车费到期的车辆及车主清单交秩序维护主管，由秩序维护主管安排车管员口头通知车主，请车主至客户服务中心交费。

（2）对于未交停车费已超过两星期的车主，由客户服务中心填写书面的"车位使用催缴通知单"，由车管员通知车主。

六、拾遗或用户失物认领手续办理服务标准

物业公司为规范员工拾遗管理，通常要求员工在拾到物品后，要马上联系客户服务中心，由客户服务中心负责通知巡楼秩序维护员协助查找失主。找到失主后，失主要凭身份证到客户服务中心办理认领手续。如果找不到失主，管理处要把失物名称贴在公告栏上，以方便查找。

（一）用户报失

（1）接用户报失后，详细记录报失用户房号、失主姓名、电话、遗失物品日期、时间、遗失物品地点及失物的名称、款式、型号等资料，并将用户所提供的资料转交巡楼保安协助查找。

（2）如失物找回，通知用户到客户服务中心办理认领手续；如失物未能找回，要回复用户。

（二）拾遗上报

（1）如有人上报拾遗物品时，应先将拾遗人的姓名、联系电话、物品名称、拾遗日期等内容填写在"失物移交记录表"上，连同失物一起保存，"失物移交记录表"复印一份存档。

（2）制作"失物招领启事"，张贴于各公告栏上。

（3）失主来认领，须审核其有效身份证明，并请失主描述所遗失的物品

情况、遗失日期及时间、地点，以确保失物不被冒领。失主认领物品时，须要求对方在"失物认领表"内签字，如表1-6所示。

表1-6　失物认领表

失主姓名		房号	
联系电话			
失物名称			
遗失地点		遗失日期及时间	
身份证明类别		证件号码	
失物描述：			
失主签收： 日期：		客户服务中心经办人： 日期：	

七、客户意见征询服务标准

（一）征询的内容

征询的内容有治安、车辆、清洁、绿化、公共设备设施、社区文化活动、便民服务等，管理处可视实际情况选择每次征询的主题（内容）。

（二）征询方式

征询方式一般为问卷调查，如表1-7所示。

表1-7 客户意见征询表

尊敬的业主（用户）：

您好！为您提供周到、完美的优质服务，不断提高您的生活质量，是我们作为物业管理人义不容辞的责任。为了听取您的意见和建议，请您填好本调查表，然后交给岗亭值班保安回收，以便我们今后根据您的意见或建议改进我们的工作，将服务工作做得更好，把小区建设成更加文明、温馨、美丽的家园。谢谢！

姓名			房 号		联系电话	
评价项目	满意	较满意	不满意	建议与意见		
服务态度						
服务质量						
投诉处理						
清洁卫生						
园林绿化						
治安管理						
车辆管理						
社区文化						
尊敬的业主（用户），请在此谈谈您对管理处经理及管理处整体服务质量等方面的评价。如果您有好的意见和建议，也请在此提出，谢谢！ 业主（用户）签名：						

_____管理处
___年___月___日

（三）征询结果的统计与分析

对征询的结果按治安、车辆、清洁、绿化、公共设备设施、社区活动、便民服务等进行分类统计，出具客户意见征询分析报告，对那些没有达到质量目标和业主（用户）普通反映的问题，应根据其程度采取相应的纠正、预防措施和改进方法。

征询的客户意见由客户服务中心安排人员统一进行回访，并填写"回访记录表（客户意见）"。

八、客户回访服务标准

（一）回访的方式

在进行回访时，为了不影响业主（用户）的正常生活、工作，一般采用电话回访的方法，还可以采取与业主（用户）交谈、现场查看、检查等方式综合进行。回访由物业管理服务公司派专人负责，不定时进行。

（二）回访的内容

回访内容主要包括水、电、暖、气等生活设施的使用及管理，卫生管理、绿化管理、公共管理、维修质量、服务态度等方面的问题。

（三）关于投诉的回访

（1）回访时应虚心听取意见，诚恳接受批评，采纳合理化建议，做好回访记录。回访记录指定专人负责保管。

（2）回访中，如对业主（用户）的问题不能当即答复，应告知预约时间回复。

（3）物业管理部门的其他人员接（听）到业主（用户）的意见、建议、投诉或反映问题时，应及时反馈给部门领导或回访专责管理人员，并认真做好记录。对不属于本部门职权范围内的事项，应及时呈报上级部门处理，不得推诿、扯皮。

（4）回访后对业主（用户）反馈的意见、要求、建议、投诉，应及时整理，快速做出反应，妥善解决，重大问题向上级部门请示解决。对业主（用户）反映的问题，要做到件件有着落、事事有回音，回访处理率100%，投诉率力争控制在1%以下。

（5）接到业主（用户）投诉，应首先向业主（用户）表示歉意和感谢，并做好"住户投诉登记"。对于重大的投诉，部门领导应组织相关人员向业主（用户）进行检讨和说明，及时落实解决措施及责任人，限期处理和整改。

（6）对投诉必须100%回访，必要时可进行多次回访，直至业主（用户）满意为止。

（四）回访的细节

物业管理人员在回访业主（用户）时要讲究方法和技巧，才能够取得最佳效果。表1-8介绍一些回访时的细节事项。

表1-8　回访的细节

序号	注意细节	具体说明
1	见面问候时最好点名道姓	进入业主（用户）家门时，我们通常会说："您好，见到您很高兴。"但如果这样说："王先生，您好，见到您很高兴。"其效果会更好。因为后者比前者要更亲切热情
2	没有邀请，最好站着	进入业主（用户）家时，如果他没请你坐下，最好不要自己坐下。坐下后，不应掏烟给业主（用户），如业主（用户）请你抽烟，应表示感谢并婉言谢绝
3	不要急于出示随身携带的资料	只有在交谈中提及了，且已引起了对方的兴趣时，才向业主（用户）出示随身所带的资料。同时，回访前要做好充分的准备，针对你去业主（用户）家要解决的问题，预先要考虑业主（用户）可能会提出的一些问题，在业主（用户）提出问题时，应给予详细的解释或说明
4	主动开始谈话，珍惜时间	在回访时，应该主动开口，表达简洁准确，不要占用业主（用户）过多的时间，以免引起反感
5	时刻保持相应的热情	在回访时，如果对某一问题没有倾注足够的热情，那么，业主（用户）也可能会失去谈论这个问题的兴趣。当业主（用户）因为某些问题而情绪激动，不配合工作时，应提早结束回访，避免不仅不能解决原有的问题，而且又产生新问题，把事情弄得更糟
6	学会倾听的艺术	进行回访时，不仅要会说，还要学会倾听。听有两个要求，首先要给业主（用户）留出说话的时间；其次要"听话听音"。当业主（用户）在说话时，最好不要打断他，听他把话说完。应做好准备，以便利用恰当的时机给予响应，鼓励他讲下去

续表

序号	注意细节	具体说明
7	避免不良的动作和姿态	在回访时，应保持端庄得体，不做无关的动作或姿态，如玩弄手中的小东西、用手理头发、剔牙齿、掏耳朵、弄指甲或盯着天花板与对方身后的字画等，这些动作都有失风度
8	要善于"理乱麻"，学会清楚地表达	在说话时，表达应清晰准确，善于概括总结。不会概括的人，常令人不明所以；叙事没有重点，思维头绪混乱的人，会使人们茫然无绪，不知所措。注意自己说话的语气和语调。说话要保持清晰，喉音、鼻音不宜太重，语速徐缓，语调平稳，而充满朝气的语调会使自己显得年轻
9	注意衣着和发型	回访时记住自己代表着公司，体现本企业的形象，千万不要给人一种不整洁的印象，这样不仅无助于回访事情的解决，还会影响整个企业的形象
10	避免过度关心和说教	过度的关心和说教应该避免，要表现出诚意和合作精神
11	告别	回访结束出门时，要带好自己的随身物品，如公文包、资料等。告别语一定要适当并简练，千万不要在临出门时又引出新的话题

九、客户资料登记、管理服务标准

（一）客户资料的内容

（1）基本资料：包括客户的姓名、性别、年龄、学历、户口所在地、祖籍、政治面貌、出生日期、通信地址、联系电话、紧急联系方式、婚姻状况、所属单位名称、职务、家庭（公司）主要成员、家庭（公司）常住人口数等。

（2）物业资料：包括客户类型、使用性质、房号、房屋面积、按揭方式、入住（入租）时间、水电表编号等。

（3）车辆资料：包括拥有车辆的数量、型号、特征、车牌号码、停车位办理等。

（4）消费资料：包括楼款交纳及按揭办理情况、入住各项费用交纳情况、管理费用交纳情况、水电费用交纳情况、装修保证金及所得税交纳情况、购买配套产品（如门禁卡、会员卡、报警系统等）情况。

（5）个性资料：包括客户的兴趣爱好、身体特征、文艺或体育特长、生活习惯、宗教信仰、生活禁忌等。

（6）房屋修缮记录。

（7）曾经要求过的特约服务记录。

（8）以往投诉和建议情况。

（9）参与社区活动记录及曾经获得过的荣誉。

（10）发生突发事件的记录。

（11）使用物业过程中的违规记录。

（12）家庭主要成员的健康档案。

（二）客户资料的建立

管理处应通过如图1-13所示四种途径取得客户资料并建立客户资料。

途径一	入住前通过发展商销售部门取得，如"前期物业管理协议""购房合同"复本以及房产证办理情况、楼款交纳及按揭办理情况、销售承诺等
途径二	在客户办理入住手续时取得，如"身份证"（或暂住证）复印件、"业主公约""业主登记表""委托银行收款协议""停车位租赁合同""二次装修申请表"、业主本人及家庭主要成员照片等
途径三	日常不间断地观察和记录取得；如"房屋租赁合同"复印本、"客户请修流程单""客户投诉受理登记表"等
途径四	定期统计和分析取得

图1-13　客户资料建立的四种途径

（三）客户资料的分类管理

1.分类方法

客户资料必须按照如下顺序进行分类：

（1）按照物业的使用性质（住宅、办公、商业等）分类。

（2）按照物业的楼栋及层数分类。

（3）按照客户的类型（业主、租户）分类。

2.管理

（1）客户资料应根据物业的产权归属分别独立建档。

（2）档案分类和组卷必须规范，同时建立检索目录，便于调用和查阅。

（四）客户资料的使用

管理处应充分利用客户资料的信息，致力于提供个性化和差异化的物业管理服务，通常有如图1-14所示情况时将用到客户资料。

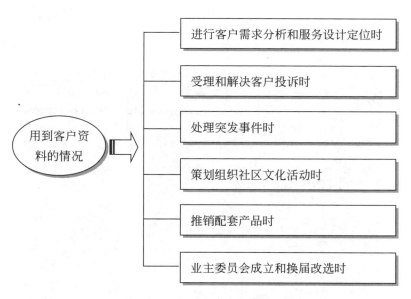

图1-14　用到客户资料的情况

（五）客户资料的归档和清理

（1）事务助理负责客户资料的收集、整理及档案的保管。

（2）事务助理应养成注意观察和随时记录的良好习惯，致力于客户资料的不断丰富和完善。

（3）客户资料的归档必须采用双轨制：即保存原始资料和电脑录入。

（4）每年底对客户资料进行一次清理，剔除无用和多余的资料，将存留的资料分类后装订成册，同时录入电脑。

（5）档案柜应上锁并做好防火、防盗、防潮、防虫、防光、防尘和防鼠等措施；有效保证客户资料的安全。

（6）没有管理处经理授权，客户资料不得外借。客户资料在调用过程中不得随意涂改，不得遗失或损坏，客户隐私不得向外人泄露。

（六）进行客户资料管理的常用表格

为对客户资料进行有效的管理，须运用一些表格来进行规范化的管理，在填写这些表格的时候一定要认真仔细，一些信息一定要核查清楚，确保正确，如图1-15所示。

图1-15　业主资料归档管理

十、相关文书的发布规范

在物业管理的日常工作中，向全体业主（用户）发布布告是一项基本且非常重要的工作。凡是需要所有业主（用户）了解的事情，都可以通过布告的形式公之于众，使业主（用户）了解和接受。

（一）公告、通知类文书的发布要求

1.安装统一布告栏

发布日常布告通常以书面形式为主。在以居住为主的小区内可将布告张贴在小区主要出入口、每栋住宅楼的一楼大堂或电梯前厅。物业管理服务公司一般会在以上地点安装统一的布告栏，以便业主（用户）习惯于时刻注意布告栏中公告的内容，在第一时间内了解最新信息。

布告栏制作应精美、大方，与周围环境相映衬，以此保证小区内公共场所的美观。

2.布告应有较高的认可及接受度

日常布告一般是物业管理服务公司单方面主动发布，业主（用户）被动接受信息，而且只能通过书面文字表达意思，属于物业管理服务公司与业主（用户）沟通的一种特殊形式。所以在拟订布告内容时，为保证业主（用户）对布告有较高的认可及接受度，应注意表1-9所示的几点。

表1-9 拟订布告内容的注意要点

序号	注意要点	具体说明
1	形式要规范	物业管理服务公司向业主（用户）发布的日常布告主要有通知、启事、通告、提示、简讯等形式。无论哪一种形式，都属于公文的一种，格式要求规范，因此，发布日常布告时应注意形式上要规范
2	一个信息 一个布告	管理处发布新的布告后，大部分业主（用户）都是在经过布告栏时顺便留意布告的内容，停留的时间很短暂。为使业主（用户）在最短时间内得到准确的信息，最大限度降低信息的流失量，发布时应注意布告内容单一，避免有多个不同内容出现在同一布告内；布告的语言要简练明确，尽量使篇幅短小精练，以保证信息传达得快速而准确

序号	注意要点	具体说明
3	语言要灵活	不同形式的布告，内容也不一样，物业管理人员发布的每一类布告都有其不同的目的，对业主（用户）收到信息时的反应效果要求也各不相同；而这些差异主要可通过语言组织、措辞等表现出来，不同的语言表达可表现出发布者的不同的态度。因而，为使业主（用户）能更准确地接收信息，可在语言上灵活运用，将实际目的准确地表达出来
4	版面应严谨	在以居住为主的小区内，由于布告对象较多，管理人员应注意布告版面要严谨。对于纸张的大小、字体类型及颜色等都应做统一规定，如发布通知、通告等布告时采用A4型纸张、宋体字；另外，对字体的大小也可做统一的规定，如标题用三号字，正文用小四号字等
5	符合礼仪规范	物业管理人员在拟订布告文稿时，应使用符合礼节规范的礼貌用语，如文稿台头使用"尊敬的业主（用户）"，正文中对业主（用户）的称谓使用敬称"您"等。另外，无论发布任何类别的布告，都应始终保持对业主（用户）尊敬的语气，决不能使用过分批判甚至侮辱性的文字。如确有必要批评业主（用户），也应在语言组织上灵活应用，使用婉转或较易接受的措辞，以取得满意的效果

（二）通知的写作要领

通知属于一般性的日常公告，也是使用最多的一种公告形式。通知的内容大致包括收缴费用、停水停电、办理各类手续、公共场地消杀、清洗外墙、公共设施改造等。

拟稿时应注意语言的简洁、平实，避免拖沓冗长及使用过多的修饰语句，一般一开篇就切入主题，将内容表达清楚后即可结束。

1.为业主（用户）带来不便的工作通知

对于停电停水、清洗外墙、公共设施改造、公共场地消杀等事务发布通知时，在标题中最好标明主题内容，以引起业主（用户）的注意；正文要写明原因、具体起止时间、注意事项、咨询电话等，在表达比较重要的事项时可用区别于其他文字的特殊字体；由于此类事务会给业主（用户）的生活带来一些不便，所以在通知中需向业主（用户）表示歉意，通常可表述为"不便之处、敬请谅解！"

"通知"写作格式如表1-10所示；停水通知如图1-16所示。

表1-10 "通知"写作格式表

项目	基本要求
标题	通知，可标明主题，如停水通知
首行	填写通知要发放到的人员"尊敬的各位业主（用户）"
正文	（1）原因 （2）具体起止时间 （3）注意事项 （4）联系电话
落款	物业公司盖章、日期

关于5月24日停水清洗供水池的通知

深福物全询[2017]50号

尊敬的业主（住户）：

为保证居民的生活用水质量，按《深圳经济特区城市供水用水条例》规定，高层住宅小区的公共蓄水池需定期进行全面清洗和消毒，防止水质二次污染。管理处拟定于2017年5月24日（周三）15：00—19：00对小区公共蓄水池进行清洗，在此时间段将暂停各单元5层以上的供水。

由于本小区公共蓄水池的排水及供水的速度较慢，所需时间较长，敬请业主（住户）提前做好储水准备。如有急需，可至每单元首层的清洁操作间内取水，若有需要亦可致电管理处为您提供取水服务。供水时间视清洗水池情况提前或延迟，敬请各位业主（住户）出门前检查家中水龙头是否处于关闭状态。

另：进行水池清洗时，需投放水务主管部门和卫生防疫部门指定的消毒剂进行消毒，因此，恢复供水后一周内，请饲养金鱼等鱼类的住户勿使用自来水蓄养鱼，以免受到影响，但对人体无害，请放心使用。

由此给您带来不便，敬请谅解！

深圳市福田物业发展有限公司
全海龙园管理处

图1-16 停水通知

2.需业主（用户）协助工作的通知

比如收缴费用、办理各类手续等通知，由于此类事务需要业主协助，由管理处和业主共同完成，所以在发布时需注意内容要明确、突出，可在颜色、字体上调整突出重要的部分，给业主最直观的信息。同时应对业主给予的协助表示感谢，如"特此通知，谢谢大家的合作。"

其具体写作格式与前一类通知类似。

3.简讯的写作要领

简讯类公告一般用于发布社区文化活动信息、管理处便民服务信息等。由于社区文化活动、便民服务等需要业主积极参与，所以，在拟订该类文稿时，从标题到内容都可采用较灵活的形式，如标题可使用"好消息""喜讯"等；版面上可采用艺术字且色彩明艳，内容的语言组织上可以使用具有煽动性的措辞，让业主从中感受到发布者的盛情邀请而产生兴趣。

其写作格式如表1-11所示。

表1-11　简讯写作格式表

项目	基本要求
标题	好消息、喜讯等
首行	填写简讯要告知的人员，如"尊敬的各位业主（用户）"
正文	可灵活多样，可以介绍事情的经过，好消息的达成情况
落款	物业公司盖章、日期

4.提示的写作要领

管理处发布的提示类公告，一般用于特殊天气、气候的提示，对节日安全的提示以及对社区内公共设施使用安全的提示等。比如在南方沿海一带城市夏季遇到台风，北方城市冬季遇到降温降雪天气，管理处应时刻注意政府相关部门发布的预告，然后以发布提示的方式提前告知业主，提醒业主做好各方面的准备。由于提示的内容通常与业主切身利益（如人身安全等）有密切的关系，主要是提醒业主加强注意，所以，拟稿时在明确提示内容的前提下，语气应偏于温和，要让业主在收到提示的同时感受到管理处对业主的关怀及服务的真诚；普遍的做法就是将提示的标题拟为"温馨提示"，其写作格式如表1-12所示；提示如图1-17所示。

表1-12　提示写作格式表

项目	基本要求
标题	温馨提示，也可把主题加在温馨提示之前
首行	填写要提示的人员，如"尊敬的各位业主（用户）"
正文	（1）点明提示的主题 （2）罗列提醒业主（用户）要注意的事项
落款	物业公司盖章、日期

图1-17　停电检修的温馨提示

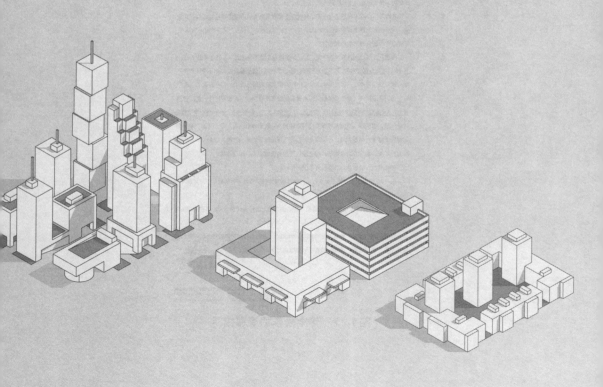

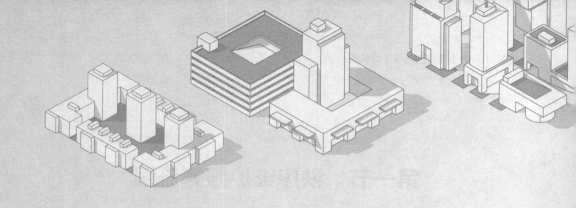

第二章 | 秩序维护服务
Chapter two

物业提供秩序维护服务的主要目的是为业主（用户）提供优质的居住环境，保证业主（用户）安全、有序的同时，让其感受到亲情服务。要达成这一目的，也要建立规范的服务流程与标准，才能实施、督促安全秩序维护。

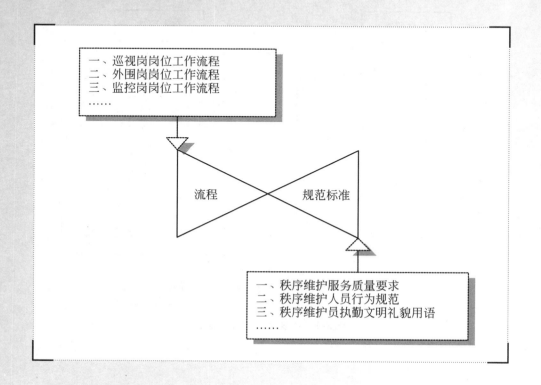

一、巡视岗岗位工作流程
二、外围岗岗位工作流程
三、监控岗岗位工作流程
......

流程　　　　　规范标准

一、秩序维护服务质量要求
二、秩序维护人员行为规范
三、秩序维护员执勤文明礼貌用语
......

第一节　秩序维护服务流程

一、巡视岗岗位工作流程

巡视岗岗位工作流程如图2-1所示。

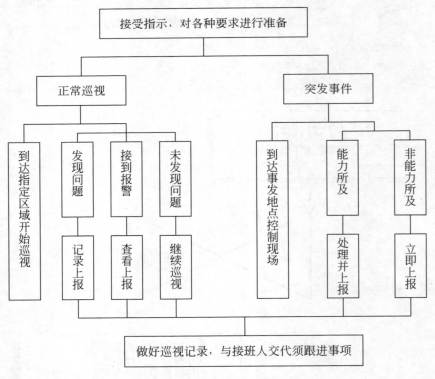

图2-1　巡视岗岗位工作流程

二、外围岗岗位工作流程

外围岗岗位工作流程如图2-2所示。

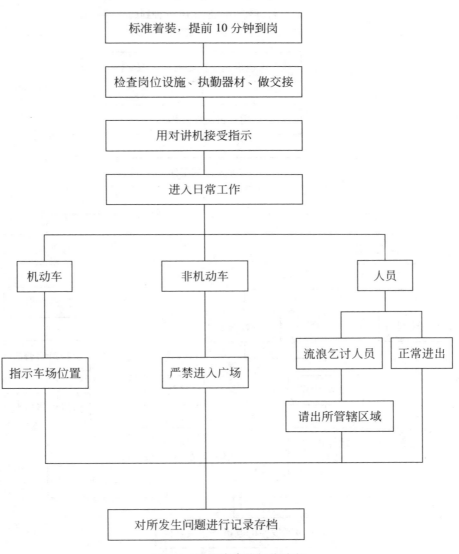

图2-2 外围岗岗位工作流程

三、监控岗岗位工作流程

监控岗岗位工作流程如图2-3所示。

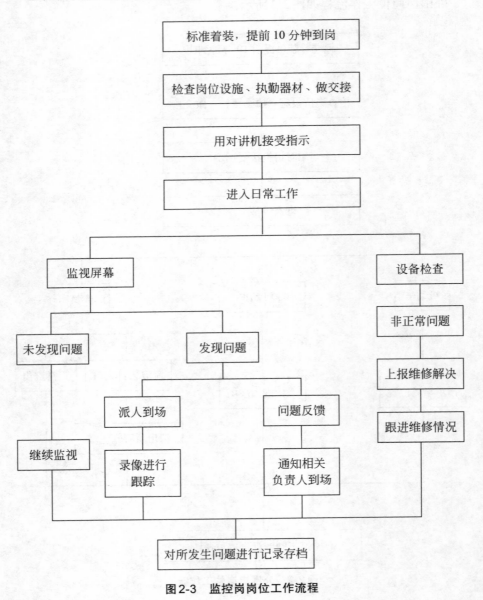

图2-3 监控岗岗位工作流程

四、消控室岗位工作流程

消控室岗位工作流程如图2-4所示。

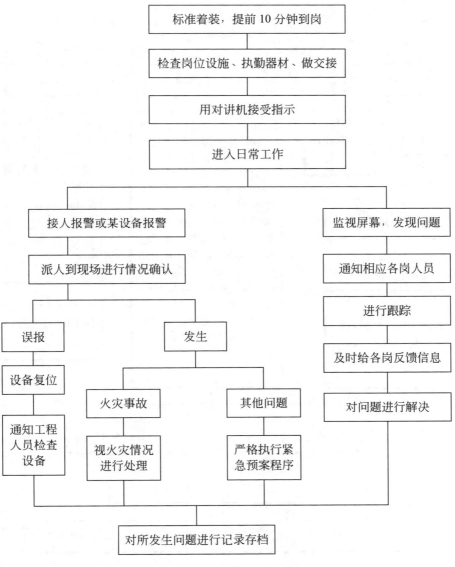

图2-4　消控室岗位工作流程

五、物品搬入搬出的管理程序

物品搬入搬出的管理程序如图2-5所示。

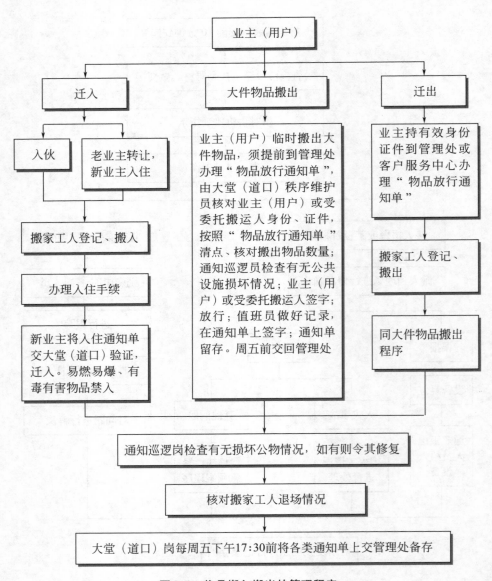

图2-5 物品搬入搬出的管理程序

六、作业人员出入管理流程

作业人员出入管理流程如图2-6所示。

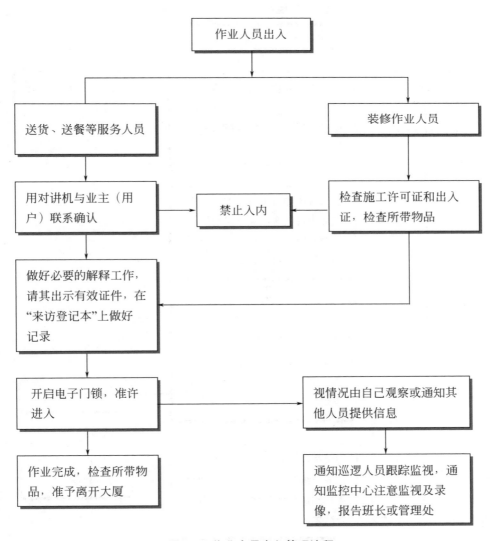

图2-6　作业人员出入管理流程

七、发现电梯因故障困人救援流程

发现电梯因故障困人救援流程如图2-7所示。

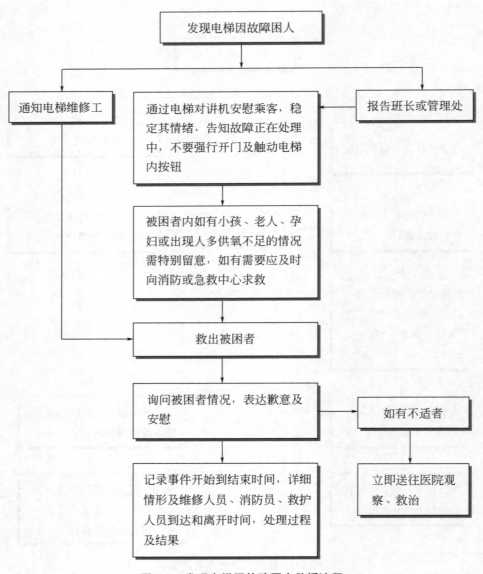

图2-7 发现电梯因故障困人救援流程

八、巡逻工作流程

巡逻工作流程如图2-8所示。

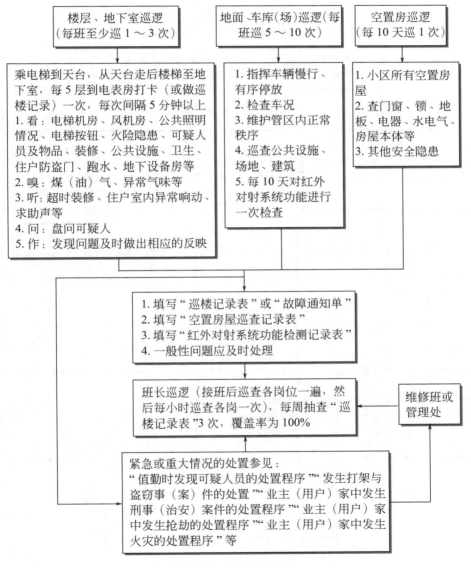

图2-8 巡逻工作流程

九、停放车辆发现异常情况的处置流程

停放车辆发现异常情况的处置流程如图2-9所示。

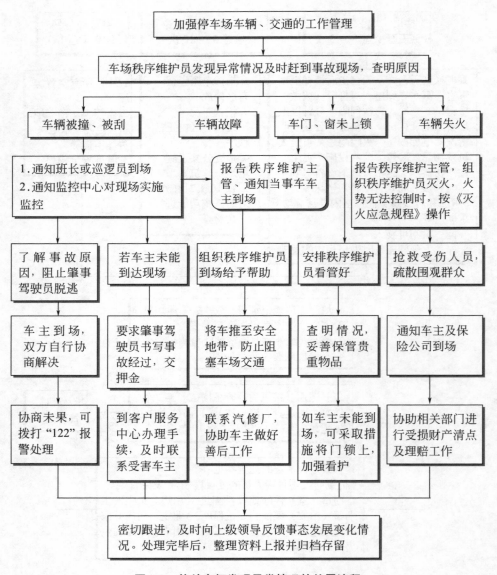

图2-9 停放车辆发现异常情况的处置流程

十、突发事件处理流程

突发事件处理流程如图2-10所示。

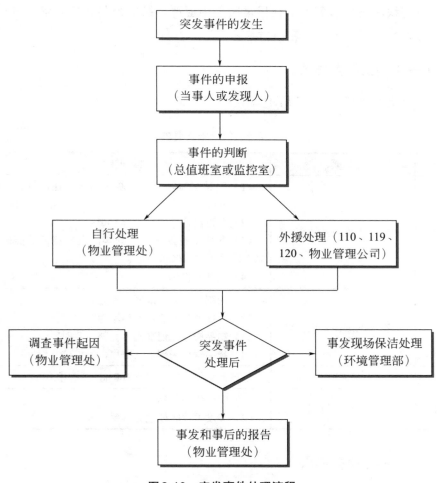

图2-10 突发事件处理流程

第二节　秩序维护服务规范与标准

一、秩序维护服务质量要求

所有秩序维护服务人员在日常服务中应严格按照公共礼仪要求，进行着装、仪容修饰、行为规范和语言规范。

（一）门卫服务要求

门卫服务要求如表2-1所示。

表2-1　门卫服务要求

序号	服务要求	具体说明
1	住户进出服务要求	（1）熟悉60%以上住户基本情况（住户姓氏、住房、家庭等） （2）对进出住户的问候率100% （3）非住户违规进入率为零，进出登记的准确率100%，及时率100% （4）无有效投诉
2	对物品的进出管理要求	（1）控制物品的违规搬入率为零 （2）大件物品的违规搬出率为零 （3）物品搬迁登记准确、完整、及时 （4）物品搬迁无碍公共秩序，无损公共设施
3	信息传递服务	住户信息处理的及时率100%，正确率100%
4	区域秩序管理	（1）辖区秩序井然 （2）突发事件的处理失误率为零

（二）巡逻服务要求

（1）熟悉区域内消防安全应急设施、设备的具体位置和使用。

（2）指定区域巡逻频次达1次/小时，所有区域巡逻达1次/4小时。

（3）按指定路线进行巡逻并登记，班长巡逻每小时需随机抽查5处以上公共区域1～2次。

（4）异常情况的处理失误率为零。

（三）车场管理和服务要求

1.收费亭秩序维护员

（1）秩序维护员熟练以下基本情况：

——操作整个收费系统，每月出错次数不超过1次；

——80%的月卡基本信息；

——收费标准。

（2）收费设施设备达到干净、整洁、完好。

（3）收费服务的规范和准确率为100%。

（4）收费服务的有效投诉次数为零。

（5）每月操作失误次数不超过1次。

（6）对进出车主的问候率100%。

2.车场指挥秩序维护员

（1）秩序维护员熟悉指引车辆的各种动作、消防设施的使用以及各个安全通道的位置。

（2）责任区车辆的盗、损率为零。

（3）车辆的正确停放率99%。

（4）公共设施完好率100%。

（5）责任区整洁、干净。

（6）对车主的问候率100%。

（7）责任区内其他事件的处置合格率100%。

3.停车场管理要求

（1）道闸、挡车桩等停车场管理设备设施必须保持完好，并保持表面整洁、干净，无污迹及乱张贴现象。

（2）常设性（固定）的停车场管理设施（如挡车桩、警戒线等）应使用有利于长期使用的器材，并按公司统一要求设置，如图2-11所示。

图2-11 挡车桩、警戒线

（3）秩序维护员岗亭标识制作应符合公司标识系统统一要求，岗亭表面应保持洁净、无污迹、无乱张贴现象，如需设置挡雨、遮阳等设施应由管理处统一安排制作，并保持美观。

（4）机动车辆按位停放，整齐有序，无跨位、占位、占道停放现象；自行车、电动车等非机动车停放整齐，无乱停、乱放、叠放现象。

（5）停车场消防用沙、防洪器材等应急用品应安排专门位置存放，有关应急用品应做到摆放整齐、美观、标识明确。

（四）秩序维护系统操作管理要求

（1）熟练掌握设备（设施）系统的操作。

（2）保持监控室的整洁、设施完好。

（3）操作失误率低于0.01%。

（4）故障、异常情况的及时发现处理率100%，正确处理率100%。

（5）相关记录完整、准确、及时。

（五）公共性应急事件处理要求

公共性应急事件处理要求如表2-2所示。

表2-2　公共性应急事件处理要求

序号	事件类型	处理要求
1	自然灾害事件	（1）预案合理、完备 （2）及早获取信息，并及时通报 （3）准备工作及时、完备实施率100% （4）不出现无谓的损失 （5）事后协助处理的顾客满意率为95%
2	公共卫生事件	（1）预案合理、完备 （2）及早获取信息，并及时通报和上报政府有关部门，上报率100% （3）准备工作及时、完备实施率100% （4）事件操作失误率为零 （5）事后处理的顾客满意率为95% （6）事件不能出现反复

（六）突发性应急事件处理要求

突发性应急事件处理要求如表2-3所示。

表2-3　突发性应急事件处理要求

序号	事件类型	处理要求
1	火警	（1）预案合理、完备 （2）消防设备设施完好率100% （3）及时通知和上报 （4）不出现无谓的损失 （5）操作失误率为零 （6）事后处理的顾客满意率为95% （7）隐患消除率100% （8）责任人处理率100%
2	治安事件	（1）预案合理、完备 （2）重点防范措施落实 （3）及时通知和上报 （4）不出现无谓的损失 （5）事后处理的顾客满意率为95%

续表

序号	事件类型	处理要求
3	设备设施突发性故障	（1）预案合理、完备 （2）重大设备实施的完好率100% （3）及时通知和上报 （4）不出现无谓的损失 （5）操作失误率为零 （6）事后处理的顾客满意率为95% （7）隐患及时消除率100% （8）责任人处理率100%

（七）对讲机充电器摆放要求

对讲机、探照灯充电器应统一放置信息监控中心，并根据现场实际情况合理设置摆放区 域（靠近电源插座的桌面/在合适角落墙壁处悬挂置物架板，高度80～120厘米）。在桌面/架板上采用带有公司LOGO标识的不干胶纸设置摆放区域，按对讲机充电器、探照灯具体数量进行标号，按照左侧对讲机充电器、右侧探照灯充电器顺序进行排列，对讲机、探照灯充电线统一放置于桌面后方，参考样图如图2-12所示。

图2-12　对讲机定置化管理

二、秩序维护员行为规范

秩序维护员行为规范如表2-4，图2-13所示。

表2-4　秩序维护员行为规范

项目	规范礼仪礼节
仪容仪表	（1）工作时间内一律按照公司规定着本岗位规定制服及相关饰物、警用器材，不可擅自改变制服的穿着形式，私自增减饰物等，并保持干净、平整，无明显污迹、破损。正确佩戴工牌，停车场岗位夜间要着反光衣 （2）对讲机统一戴戴在身体右侧腰带上，对讲时统一用左手持对讲机 （3）站岗时不依靠在其他东西上，呈立正姿势或双脚分开与肩同宽，双手没有拿不相干的物品，自然下垂或交叉与腹前或背后 （4）工作期间精神饱满，充满热情，接听电话时面带微笑，声音热情、亲切
驾车	（1）如骑单车、摩托车巡逻，上下单车、摩托车跨右腿从后上下 （2）骑车时应昂首挺胸，双手扶车头手柄，双腿踏车并靠里，不超出车头宽度 （3）骑车巡逻时应尽量保持直线前进、中速行驶，头可微摆，主要以眼睛余光巡视四周 （4）如骑车巡逻时遇到客户询问或与客户沟通时，应下车停稳车辆，立正、敬礼，然后进行交谈
行礼	（1）着军装值班的员工行礼为正规军礼，着西服和门童服值班的员工如行礼须行30度左右的鞠躬礼或点头致意 （2）当值期间，遇到客户询问或与客户交涉时，须行礼 （3）当值期间，遇到由公司或管理处领导陪同客户参观时，须行礼 （4）当值时每天第一次遇见部门经理时，须行礼 （5）当值换岗时，须双方相距1.5米，立正行礼 （6）车辆进出停车场，立正向驾驶人员敬礼
对讲机使用	（1）语言要简练、清晰、易懂，呼叫："××岗、××岗，我是中心，收到请回答！" （2）应答要明朗，"××岗收到，请讲！"表达完一个意思时，及时向对方说"完毕" （3）通话结束，须互道"完毕！" （4）遇到客户的对讲，应主动应答："先生/小姐，您好！请问有什么需要帮助？"

图2-13　秩序维护员行为规范

三、秩序维护员执勤文明礼貌用语

（一）执勤礼貌用语

执勤礼貌用语如表2-5所示。

表2-5　执勤礼貌用语

类别	举例说明
称谓语	（1）×××先生（同志） （2）×××小姐（夫人、女士）
问候语	（1）您（们）好，欢迎光临！ （2）多日不见，您好吗？ （3）早（晚）安！ （4）早上（下午、晚上）好！
祝贺语	（1）祝您成功！ （2）祝您节日（旅途）愉快！ （3）祝您新年（圣诞、春节）快乐！

续表

类别	举例说明
征询语	（1）先生（女士），我可以为您做些什么吗？ （2）先生（女士），我来帮您，好吗？ （3）还有别的事需要我帮忙吗？ （4）我可以进来吗？
应答语	（1）当业主有事呼叫秩序维护员时，可以说： ——先生（女士），我来了。 ——先生（女士），我马上就来。 （2）当业主感谢时应说： ——不必客气。 ——没关系。 ——这是我（们）应该做的。
安慰语	（1）当业主遇到不顺心的事时，秩序维护员应说： ——您别着急，我帮您想想办法。 ——我相信您很快会好起来的。 ——我希望您没事。 （2）当业主身体不适或患病，应说： ——请多保重。 ——祝您早日康复。
道歉语	（1）很抱歉，打扰您了。 （2）对不起，给您添麻烦了。 （3）请原谅，让您久等了。 （4）请出示（收好）您的证件，麻烦您了。 （5）对不起，这里是执勤岗位，请您不要在这里逗留。 （6）对不起，××单位（公司）还没上班，请您稍候。 （7）对不起，您要找的人不在，请您联系好以后再来。
答谢语	当得到业主的帮助或配合时，应说： ——谢谢您的帮助（支持）。 ——非常感谢您的合作。 ——能得到您的支持，我很荣幸也很感谢。
推辞用语	（1）很遗憾（抱歉），按公司规定我不能让您进去。 （2）这不符合公司的要求（规定），实在很抱歉。 （3）很抱歉，这是专用停车位，您的车是否能停到××停车场去。 （4）对不起，业主要求园内不准停车，请您把车停到外面去。 （5）很抱歉，××单位（公司）已下班了，请您改日再来。

续表

类别	举例说明
指示用语	（1）请这边走。 （2）请往前走再向左（右）转弯。 （3）请把车停在外面。 （4）请您在这里登记一下。
电话用语	（1）接电话要及时，不能让对方久等，接电话时应说： ——您好，这是××岗（报警中心）。 ——对不起，您要找的人不在，需要我转告吗？ ——对不起，请讲慢一点。 ——对不起，电话里有噪声，我没听清楚，您再重复一遍，好吗？ （2）打电话时，语言要简单明了，口齿清晰： ——您好，我是××。 ——您好，我想找××，麻烦您帮我叫一下好吗？ ——请帮我转告一声好吗？
对讲机用语	（1）呼叫时应说："呼叫××岗（报警中心），听到请回答。"事情表达清楚后应马上说："完毕"。 （2）接听时应说："我是××岗（报警中心），收（听）到，请讲。"接听完毕后应说："明白，我马上去（做）"。
告别语	（1）再见，祝您旅途愉快。 （2）晚安，明天见。 （3）再见。

（二）道口岗礼节礼貌用语

道口岗礼节礼貌用语如表2-6所示。

表2-6　道口岗礼节礼貌用语

序号	用语要求	举例
1	面对当日第一次遇到的业主（用户），应立正敬礼，并根据具体时间情况向业主（用户）问好	早（晚）上好！ 上（中、下）午好！
2	当有外来车辆出入道闸时，要立正敬礼，并提醒驾驶员	请您自行取（刷）卡！

续表

序号	用语要求	举例
3	当有人走近岗亭时，要热情问候	××先生/小姐/女士，您好！请问您有什么事吗？
4	有访客到来时，应礼貌地询问，然后对讲机与业主（用户）联系，如业主（用户）不在家时，要婉言告诉访客；如能确认业主（用户）在家，并且该业主（用户）又愿意接待访客时，即告诉访客，并让其出示有效身份证件进行登记，登记完成后，应双手将证件递给访客	请问您找谁？ 对不起，××先生/小姐/女士不在家，请您事先与××先生/小姐/女士联系，下次再来，谢谢！
5	当访客对登记有效身份证件一事有异议时，用诚恳的语调告诉对方	对不起，登记身份证号码是公司的一项制度，请您支持！
6	当有访客出来时，要准确填写其离开时间，如其证件留在岗亭，应起立，双手将证件递还访客	谢谢您的合作，欢迎下次光临！
7	当遇到由公司或管理处领导陪同客人前来参观时，应立正敬礼，并热情招呼	欢迎各位领导光临指导！
8	当遇到业主（用户）搬出大件物品时，首先要迎上前敬礼，同时请对方出示放行通知单，如对方没有办理放行通知单时，要提醒持业主（用户）到管理处办理后再放行。如其对查验"物品搬迁放行通知单"持有疑义，应诚恳地与对方进行解释	请您出示物品搬迁放行通知单！ 验证物品搬迁放行通知单，是对业主（用户）财产安全负责，请您合作！
9	如有不愿出示证件的闲杂人员欲进入小区玩耍，应首先向其敬礼，并委婉地告诉对方	这是私家花园，请您绕行！
10	如遇到业主（用户）向你投诉时，要认真做好记录，并表明态度，然后及时向上级报告	我们将尽快为您提供服务，请稍等！
11	如有业主（用户）询问不属于自己工作职责内的问题或自己不了解的情况时，不要轻易承诺，应礼貌地解释	对不起，我不了解这个情况，如果需要，我帮您询问一下，请您一会再打来！或者请您直接拨打电话（具体号码），找××行吗？谢谢！

（三）地库岗礼节礼貌用语

地库岗礼节礼貌用语如表2-7所示。

表2-7 地库岗礼节礼貌用语

序号	用语要求	举例
1	面对当日第一次遇到的业主（用户），应立正敬礼，并根据具体时间情况向业主（用户）问好	早（晚）上好！ 上（中、下）午好！
2	当车辆进入地库时，应立即起立敬礼，并迅速上前指挥车辆的倒车与停放，并问候业主	您下班了！ 您回来了！
3	当业主把车停稳时，应及时提醒车主	请不要把贵重物品放在车内。 请关好车门（窗）。
4	如车主携带物品过多（重），应立即上前，帮助业主（用户）把物品送到电梯口，并礼貌地向车主道别	再见！ 不用谢，这是应该的。
5	当有车主驾车驶出车库时，应立正敬礼	一路平安！
6	如有闲杂人员进入车库，应立即迎上前去，先敬礼，然后劝说对方	对不起，这是私家车库，请不要在此逗留。
7	如遇到业主（用户）当面向你投诉时，要认真做好投诉记录，并表明态度，然后及时报告。	我们将尽快为您提供服务，请稍等！
8	当遇到由公司或管理处领导陪同客人前来参观时，应立正敬礼，并热情招呼	欢迎各位领导光临指导！
9	如有业主（用户）询问不属于自己工作职责内的问题或自己不了解的情况时，不要轻易承诺，应礼貌地解释	对不起，我不了解这个情况，如果需要，我愿意帮您询问一下。或者请您直接拨打电话：××××××，找××行吗？

（四）巡逻岗礼节礼貌用语

巡逻岗礼节礼貌用语如表2-8所示。

表2-8　巡逻岗礼节礼貌用语要求

序号	用语要求	举例
1	面对当日第一次遇到的业主（用户），应立正敬礼，并根据具体时间情况向业主（用户）问好	早（晚）上好！ 上（中、下）午好！
2	遇到车主不按规定停放车辆时，要主动迎上前去，先向车主敬礼，而后劝阻	对不起，（这是消防通道，）请不要在这儿停放车辆！
3	遇到攀折花木、践踏草坪的情况，要予以劝阻	请不要践踏草坪！ 请绕行！
4	如碰见业主（用户）全家外出旅行时，应予以提醒	请关好门（窗），切断电源，注意安全。
5	当发现有业主（用户）将家什、物品堆放在楼宇公共（消防）通道时，要及时告诫业主（用户）	请不要把物品放在公共（消防）通道上，以免堵塞通道。
6	如看见乱丢果皮、纸屑的情况，要及时予以制止并提醒	请注意环境卫生，不要随地乱扔垃圾！
7	当发现有业主（用户）在通道上点烛、燃香、烧纸时，要及时予以制止，并告诫业主（用户）	请不要在通道上点烛、燃香，以免引发火灾！
8	如果发现有违反时间规定搞装修或其他行为，造成过大声响，影响他人休息的情况，须及时出面制止，并告诫业主（用户）	请自觉遵守装修规定，停止装修！ 请减小音量，以免影响邻居休息！
9	看见业主（用户）携带物品过多（重），应立即上前，帮助业主把物品送到电梯（或家门）口，并礼貌地向业主（用户）道别	再见！ 不用谢，这是应该的。
10	发现闲杂人员进入车库，应立即迎上前去敬礼，然后劝说对方	对不起，这是私家车库，请不要在此逗留。
11	如遇到业主（用户）当面向你投诉时，要认真做好投诉记录，并表明态度，然后及时报告	我们将尽快为您提供服务，请稍等！
12	当遇到由公司或管理处领导陪同客人前来参观时，应立正敬礼，并热情招呼	欢迎各位领导光临指导！

序号	用语要求	举例
13	如有业主（用户）询问不属于自己工作职责内的问题或自己不了解的情况时，不要轻易承诺，应礼貌地解释	对不起，我不了解这个情况，如果需要，我愿意帮您询问一下。或者请您直接拨打电话：××××××××，找××行吗？

（五）大堂岗礼节礼貌用语

大堂岗礼节礼貌用语如表2-9所示。

表2-9 大堂岗礼节礼貌用语要求

序号	用语要求	举例
1	面对当日第一次遇到的业主（用户），应立正敬礼，并根据具体时间情况向业主（用户）问好	早（晚）上好！ 上（中、下）午好！
2	当有陌生人走进大堂时，要起立问候	××先生/小姐/女士，您好！ 请问您有什么事吗？
3	确认是访客到来时，应礼貌地询问，然后用对讲机与业主（用户）联系，如业主（用户）不在家时，要婉言告诉访客；如能确认业主（用户）在家，并且该业主（用户）又愿意接待访客时，即告诉访客出示有效身份证件进行登记，登记完成后，应双手将证件递给访客	对不起，××先生/小姐/女士不在家，请您事先与××先生/小姐/女士联系，下次再来，谢谢！ 请问您找谁？ 让您久等了，谢谢合作！
4	当访客对登记有效身份证件一事有异议时，用诚恳的语调告诉对方	对不起，登记身份证号码是公司的一项制度，请您支持！
5	当有访客出来时，要准确填写其离开时间，如其证件留在岗位上，应起立，双手将证件递还访客	谢谢您的合作，欢迎下次光临！
6	当遇到由公司或管理处领导陪同客人前来参观时，应立正敬礼，并热情招呼	欢迎各位领导光临指导！

续表

序号	用语要求	举例
7	当遇到业主（用户）搬出大件物品时，首先要迎上前敬礼，同时请对方出示放行通知单，如对方没有办理放行通知单时，要提醒持业主（用户）到管理处办理后再放行。如其对查验"物品搬迁放行通知单"持有疑义，应诚恳地与对方进行解释	请您出示物品搬迁放行通知单！验证物品搬迁放行通知单，是对业主（用户）财产安全负责，请您合作！
8	如遇到业主（用户）当面向你投诉时，要认真做好投诉记录，并表明态度，然后及时报告	我们将尽快为您提供服务，请稍等！
9	如有业主（用户）询问不属于自己工作职责内的问题或自己不了解的情况时，不要轻易承诺，应礼貌地解释	对不起，我不了解这个情况，如果需要，我帮您询问一下，请您一会再打来！或者请您直接拨打电话（具体号码），找××行吗？谢谢！

四、秩序维护员在岗工作标准

不同岗位秩序维护员的工作标准如表2-10所示。

表2-10　不同岗位秩序维护员的工作标准

岗位	工作能力	服务质量标准
大堂岗	（1）熟练掌握业主（用户）的基本情况，包括：姓名、楼、座号、亲友以及经常交往的社会关系等 （2）正确填写各种表格、记录 （3）熟练掌握各种报警、监控、对讲、电梯、电脑及电子门锁等设施、设备的操作规程 （4）善于发现可疑人员，并能及时正确处理各种突发事件	（1）开启电子门锁不超过5秒钟 （2）登记有效证件每人每次不超过60秒钟，不出现失误 （3）不准出现大堂秩序混乱的情况 （4）不因失职出现一起业主（用户）被盗、被抢等治安及刑事案件 （5）工作环境整洁，各种表格、记录完好无缺

续表

岗位	工作能力	服务质量标准
车场（库）	（1）熟知车主姓名、楼、座号，车牌号及车况 （2）熟练掌握电视监控、车挡器、对讲、报警、消防等设备、设施的操作规程 （3）正确填写各种表格、记录 （4）善于观察、分析、处理车库（场）内出现的各种问题	（1）车主换牌、登记、开启车挡器一般一辆车不超过10秒钟 （2）不出现一起乱停、放车辆的情况 （3）车库（场）内无闲杂、可疑人员 （4）车辆在车库（场）内不发生一起损坏事件 （5）不发生一起车辆被盗案件 （6）不因失职发生一起车主投诉事件 （7）车库（场）内不发生一起交通意外事故 （8）车库（场）清洁卫生，照明良好，岗内各种设备、设施干净，台面整洁，各种记录、表格完好无缺
道口岗	（1）掌握签了租赁合同或购买了车位的车主姓名、楼座号，驾驶员姓名、相貌特征、行（驾）驶证号，以及车辆常规出入大厦的时间等 （2）熟练掌握换牌、证的操作规程，掌握各种收费标准，做到换牌、证、收费等准确、及时 （3）迅速、准确填写各类表格、记录 （4）迅速、安全开启车挡器 （5）能按照"应急规程"执行，善于发现、分析、处理各种突发事件，确保车辆安全	（1）换牌、证、收费等准确、及时，不出现一起换错牌、证、未收费或乱收费的情况，正常情况下，一辆车所需换牌、证、收费的时间不超过20秒钟 （2）登记迅速、完整、正确，一辆车登记时间不超过20秒钟，不出现车主的投诉 （3）及时、安全开启车挡器，无异常情况，每车每次所需开启时间不超过10秒钟，不出现一起因失职造成车挡器损坏车辆的事件 （4）不出现交通堵塞情况 （5）不丢失一车辆
巡逻岗	（1）熟练掌握大厦的基本情况，包括楼宇结构、防盗、消防设备、设施的具体位置，操作规程，发电机房，配电房、水泵房、消防控制中心等重点防范部位的状况等 （2）善于发现、分析、处理各种安全隐患和突发事件，有较强分析、判断、处理各种问题的能力	（1）每班巡楼一至两次，不出现一次业主（用户）家被盗、被抢案件 （2）及时发现和消灭火灾隐患，不因失职而出现一次火灾事故 （3）不因看管不好而损坏一辆车，不出现一起交通事故，不丢失一辆车

续表

岗位	工作能力	服务质量标准
巡逻岗	（3）有较强的组织、协调能力，能正确处理好本班内部事务 （4）熟练掌握巡逻打卡钟的操作方法 （5）了解大厦业主（用户）的基本情况 （6）熟悉车场停车的基本情况和变化情况	（4）接到业主（用户）报警，须在3分钟内报告上级并赶到现场 （5）处理各种违章时文明、礼貌、及时、有效，不允许发生与业主/物业使用人及访客争吵、打架的情况 （6）不出现一起打架斗殴损坏业主（用户）财产的事件

五、门口岗秩序维护服务标准

（一）对出入大门人员进行验证

查验出入人员的身份和证件，严格履行登记手续，是门口岗秩序维护员的重要职责和任务。对进出人员加强管理，主要是要求凭有效证件出入，不准无关人员随便进入。

（1）业主（用户）出入凭管理处核发的门禁卡，外包工、基建工、装修工、临时工凭临时出入证进入。对于门卡的发放与管理要做好登记。

（2）外来人员来访进入时，要依照规定办理登记手续，认真填写"小区来访人员登记表"，方可入内。

（3）部分客户单位工作时间不能会客，如有特殊情况，须经批准后，在接待室会客。

（4）重要客户单位禁止员工随意带亲友等无关人员进出。

（5）无有效证件、不履行登记手续或经确认其无进入必要的，门口岗秩序维护员应禁止其入内。

（6）门口岗秩序维护员要保持高度的责任感，严防有人利用过期的、伪造的或者窃取的出入证混入内部作案，如图2-14所示。

图2-14　认真验证、登记

（二）对进出大门的车辆、物资进行查问

（1）对出入物品要实行严格把关，重点要做好物资、器材出门一律凭出门证、放行条，危险品进门要有许可证。

（2）门口岗秩序维护员严格执行物资出入检查制度。机动车辆经过门口时，应主动停车接受检查；外来机动车辆要登记车号、事由、装运物品等情况后才能进入；自行车经过门口要下车推行。

（3）外来人员携带物品入内要填写清单，出门时应主动接受检查，经查对无误时方可放行。

（4）对于工业区的物业，凡汽车来提货或送货的，应上车检查，并在提货单或送货单上写明提、送货单位和车辆牌号；根据出入物资清单上注明的品名、规格，进行认真的检验、核查，发现证物不符的应进行拦阻，直到弄清情况、手续齐备后方可放行。对于无许可证的危险物品应拒之门外；对于无出门证的物资要坚决堵截，并将车辆牌号登记，报上级查处。

（5）需携带办公用品、家电、家具和电脑设备等大件物品出门时，应到秩序维护值班室填写"物资搬运放行条"，经业主（用户）签字，并经门口岗秩序维护员验证、核对物品名称、数量准确无误后，方可放行。

（三）进出车辆和行人的疏导工作

小区的进出口一般较宽阔，因此会出现占用道路摆摊设点、停放车辆、堆物作业、搭棚盖房等情况发生，还有的进行集市贸易，举行临时聚会和其他妨碍交通的活动；有的临时在门口施工、维护公用设施。秩序维护员要及时清理门口障碍，劝阻无关人员离开，以免妨碍人员、车辆的出入。

（四）提高安全防范能力

发现可疑人和事，尤其是发现犯罪线索时要及时报告公安保卫部门，并主动配合他们的工作，以便采取相应措施妥善处理。

（五）门口岗秩序维护服务应注意事项

1. 熟悉物业区域内业主（用户）的工作、生产运作的特点、车辆活动状况

熟识的业主（用户）出入大门时，秩序维护员应尽快放行。秩序维护员应将主要注意力放在那些陌生的人员、车辆、物品上面；同时，要掌握什么时间段是人员或物品、车辆进出高峰期，适当调整勤务，把主要力量放在重点时间、重点部位和重点人员方面。

2. 举止文明，礼貌执勤

（1）接过对方的证件时，应该手心向上，礼貌地接过来，切不可手背向上伸手去抓或侧向夺取。

（2）验证时，凡是证件上有照片的，一要对照片与持证者的相貌是否相符，二看压照片的钢印、公章是否清晰无误，三察持证者面部表情是否慌乱。

（3）如验证无误，应礼貌地抬手示意放行或颔首微笑示意放行。

六、巡逻服务标准

巡逻是安全工作的一项重要措施，其目的是全方位巡查管理区域，保证小区（大厦）的安全，维持良好的工作和生活秩序。

（一）巡逻准备

巡逻岗秩序维护员在开展此项工作前，应按"秩序维护员仪容仪表规定"和"秩序维护员交接班制度"做好上岗执勤的准备工作和交接工作。

（二）巡逻周期及规律

每个物业公司都会根据所在物业的管理水平及安全环境要求制定相应的巡逻周期，作为巡逻员，一定要了解本管理处的规定。表2-11所示为某物业公司住宅小区和大厦的巡逻周期及规律，巡逻路线示意如图2-15所示。

图2-15 某物业小区的巡逻路线示意图

表2-11　巡逻周期及规律

类别	巡逻周期	巡逻规律
小区巡逻	30分钟巡逻打卡一次	不制定固定路线，但不留"死角""偏角"
大厦巡逻	90分钟巡逻打卡一次	先从天面起，自上而下，从每层楼依次巡逻到地下室，最后到室外

（三）巡逻检查内容与要求

巡逻检查内容与要求如表2-12所示，秩序维护员巡逻如图2-16所示。

表2-12　巡逻检查内容与要求

序号	检查内容	具体要求
1	巡查各岗位执勤情况	（1）交接班时，巡逻班长到各岗位巡查一遍，检查各岗位交接是否清楚，手续是否完备，秩序维护员的着装、仪容仪表等是否符合规定，发现问题立即纠正 （2）每一小时巡逻班长到各岗位巡视一次 （3）巡查时，发现有不认真执勤或违纪、违章等情况，要及时纠正，并做好值班记录，上报管理处 （4）本班执勤中遇到疑难问题时，巡逻班长应立即到场，按有关规定处理，不能解决时，报管理处处理，并做好记录
2	巡楼	（1）每班巡楼3～4次 （2）巡楼员乘电梯到天台，从上至下认真仔细地巡视一遍，发现不安全因素或问题及时处理，并报告班长或管理处，做好值班记录 （3）巡查电梯机房和水箱等门边暗角，发现不安全因素及时和维修人员取得联系，力争尽快处理，并做好记录 （4）巡查路线：从天台开始，走后楼梯，逐层巡查，直至地下室 （5）巡查每层楼时，要眼睛多看有无异常情况，耳朵多听有无异常响动，鼻子多嗅有无异常气味等，当发现有业主（用户）室内冒烟并伴有焦煳味，歹徒撬门行劫行凶，可疑人员在楼道徘徊，室内有水溢出门外，业主（用户）房门大开，呼叫无人应答，业主（用户）室内有打闹、哭叫、呼救声等情况时，应立即采取行动，按有关规定处理

续表

序号	检查内容	具体要求
2	巡楼	（6）及时发现和消除各种隐患。巡逻时要仔细检查房屋本体、公共设施和消防、防盗设施是否完好无损，若有损坏或异常情况要填写故障通知单，情况严重的要立即报告班长或管理处及时处理，并做好值班记录 （7）仔细巡查地下室各机房重地，包括：发电机房、水泵房、高低压配电房、消防控制中心等重点部位，发现不安全因素，迅速与值班人员取得联系，及时消除隐患。特别是台风暴雨期间，更要加强巡查，做好应急准备工作
3	巡检车库（场）	（1）指挥车辆慢速行驶，引导车辆停在指定车位，严禁乱停乱放，若发现行车通道、消防通道及非停车位有车辆停放，及时进行查处纠正，并做好记录 （2）巡查车况，发现有未关锁门、窗和漏水、漏油等情况及时通知司机，并做好记录，上报管理处及时处理 （3）一旦发现有形迹可疑人员、斗殴事件或醉酒者、精神病人等情况，按有关规定处理，做好值班记录并上报

❓ 小提示

巡楼时应特别注意空置房的防火、防盗工作。如发现空置房内有异常情况应及时向班长汇报。

图2-16 秩序维护员巡逻

（四）巡逻签到

巡逻人员必须在固定的签到箱签到。为方便签到、检查，物业公司都会安装巡逻签到箱，配置签到卡，一般要求各责任区的秩序维护员在巡逻中，按规定时间打开签到箱在签到卡上签到一次，责任区内有多少签到箱，都应签到。每张签到卡，不允许同时签到。

签到时，签到人、检查人都要求在卡上签名并注明时间。

（五）巡逻中不同情况应对技巧

加强巡逻检查是治安防范工作中预防、发现和打击违法犯罪分子的一项行之有效的措施，而对可疑情况视级别及采取相应的措施是巡逻工作的重点，以下是几种常见可疑情况及处理方法。

1.发现推销员

礼貌地讲清在此推销会严重影响业主（用户）休息或正常办公（若是写字楼物业），劝其离开大厦。

2.发现可疑人员

发现可疑人员基本的处理方法为：

（1）礼貌地盘问。

（2）仔细观察其脸部表情及回话神态。如果表情惊慌，说话语无伦次或无身份证，即带其返办公室调查。

"对不起，耽误您一点时间，现在有点事情需向您了解，请您随我去一趟管理处。"

（3）及时与监控中心联系，掌握可疑人在楼层活动情况，并到其活动过的业主（用户）房间询问，了解有无财物损失。

（4）视调查了解的情况进行处理。

另外，也可根据不同的情况进行处理，如表2-13所示。

3.业主（用户）未锁门

（1）巡楼时逐间推拉各房门，检查有无锁好。一旦检查发现业主（用户）

表2-13 不同情况的应对方法

序号	可疑情形描述	应对方法
1	在小区内游荡或借口找人却说不出被访人姓名和详细住址的，或接二连三一家家敲业主（用户）家门或一个个楼道按业主（用户）电子门	密切注意其举动，必要时劝其离开
2	发现其身上带有管制刀具、钳子、螺丝刀、铁棒等工具的	核查其携带工具的用途，如用途不明的，先约束起来，送辖区公安机关
3	携带物品繁多，如电视，音响等贵重物品又无任何证明的（搬家有管理处放行条者除外）	暂时将人、物扣留，待其出具可靠证明后放行。如无任何证明，即送交公安机关审查
4	在偏僻、隐蔽处清理皮包或钱包的	立即设法拦截，询问验证，如属盗窃、抢劫财物的，送交辖区公安机关处理
5	单车、摩托车无牌、无行驶证、无钢印、有撬损痕迹的，或将未开锁的单车背走或提走的	当即扣留人、车，待查明后放行
6	机动车拿不出行驶证，说不出车牌号，没有停车证的	立即联系车管岗亭，暂扣车钥匙，约束其人，待查明后放行；反之，送公安机关查处
7	遇到秩序维护员即转身远离或逃跑的人	设法阻截（用对讲机向巡逻员通告），擒获
8	低价出售物品与实际价值相差较大的	暂扣人、物，查明情况后放行
9	三五成群，没有正当收入来源，大肆挥霍，且住在本小区的	密切监视，将情况向管理处或公安机关反映
10	长时间一个人留在屋里不离开的	上前询问，非本栋业主（住户）劝其离开，如有作案嫌疑要详细盘查
11	发现天台隔热层、消火栓内或单车棚内等隐蔽地方藏有刀具、钳、铁棒等工具	不动隐藏的工具，采取伏击的方法，监视作案者的行动，发现作案，将其擒获

未锁门，应按门铃，有人开门则予以提醒"先生（小姐），您好！打扰您了，为了您的财产安全，请您关好门，以防窃贼有机可乘！"

（2）如果室内无人，要报告领班，领班未到不得离开，不得让其他人士进入或私自进入业主（用户）室内检查。

❓ **小提示**

巡楼员应掌握以下三个要素：

（1）耳听——异常声音（包括水流声、撬锁声、脚步声、呼救声等）。

（2）眼观——周围情况（人员活动情况，公共设施、设备运作情况，消防设施情况，门锁情况等）。

（3）鼻嗅——异常味道（焦味、血腥味、煤气味、油漆味、汽油味等）。

4.深夜检查发现业主（用户）室内有人且熄灯在内或从事其他活动

（1）仔细观察室内人员活动情况，有无撬锁、翻箱等反常行为或非法行为。

（2）在不惊动室内人员的情况下迅速用对讲机与大堂岗当值人员联系，查该公司有无人员加班登记。如大堂登记有人加班，且加班人员特征与室内人员特征一致，又无反常行为，可以不过问，但须通知监控中心留意。

（3）如大堂无登记，当值人员应将情况报告领班，按班长吩咐，敲门或按门铃，征得业主（用户）同意后入室，礼貌地询问业主（用户）有什么可以帮忙，电源是否跳闸无电等，听候业主（用户）解释，观察其表情反应是否正常。核查无疑后，要业主（用户）补做加班登记。如有疑点，要客人出示身份证登记后、再由班长与该公司紧急联络人联系，核查此人是否该公司职员，如是该公司职员，可让其加班；如不是该公司职员，要盘查清楚，并由班长请示公司领导及征求该公司紧急联络人意见，决定是否送公安机关处理。

5.发现可疑爆炸物品

（1）小心检查或仔细观察包装情况，侧耳倾听有无秒针滴答声，确定是否爆炸物品。

（2）如确定属爆炸物品，应立即通知领班报警，由警方派专员前来处理，同时做好警戒疏散周围所有人员。

（3）如确认一时不可能爆炸，且用箱或桶等物品盛装的爆炸物品，可小心地拿到大厦外围空阔地带放置，做好警戒疏散工作，待警方前来解除爆炸装置。

（4）如属正在燃烧的导火线装置的炸药包，立即切断导火线；如属易于解除引爆装置的爆炸物品，立即小心解除引爆装置。

（5）查找并控制置放爆炸物品的嫌疑人员，交公安机关处理。

6.发现辖区车辆违规停放

巡逻人员要仔细观察，随时注意管区内的车辆停放情况，及时发现车主（驾驶员）的违规停放行为，并进行制止。

（1）纠正违章时，要先敬礼，态度和蔼，说话和气，以理服人。

（2）对不听劝阻者要查清姓名、单位（住址）、去向、如实记录并向管理处汇报。

（3）对已经违反停放且车主不在，及时通知监控中心或管理处，用对讲机、电话通知车主（驾驶员）或其家属，迅速将车改停于规定位置上。

（3）在用对讲机、电话联系无效的情况下，巡逻员或秩序维护班长应上门做好工作，进行说服，督促车主（驾驶员）及时纠正。

（4）如果私家车位被占，应根据车库（场）的车辆停放情况，可预留一个空车位给车位被占车主，并向车主（驾驶员）做好解释工作，以免影响其他车主（驾驶员）泊车。

（5）在一车两位占用较长时间，且劝说无效的情况下，该车出场时应向车主（驾驶员）收取双倍车位使用费用。

（6）对车主（驾驶员）将车停放在消防通道或强行占道，不听劝告，并造成消防隐患或交通严重阻塞的，应及时通知交警部门依法进行处置。

（7）若遇车主（驾驶员）醉酒或患病将车乱停乱放，应报告班长和管理处，立即采取措施，避免意外交通事故发生，如图2-17所示。

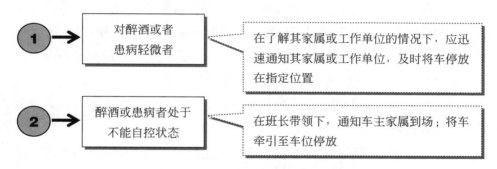

图2-17 对醉酒或患病车主的处理措施

（8）对于不听劝告，蛮横无理，打骂秩序维护员的车主（驾驶员），应报告管理处，由管理处同车主（驾驶员）共同协商，妥善处理。若情节严重，应报告公安机关依法进行处理。

（六）巡逻记录

巡逻结束后应对巡逻情况做记录。

七、监控服务标准

（一）监控值班员的岗位要求

（1）监控值班员上岗前必须经过专业知识的培训；应熟悉设施设备的工作原理、性能及在辖区的分布情况，掌握独立操作的技能。

（2）未经秩序维护部授权或同意，不可擅自修改、替换、设置各监控系统内原有的数据和程序，不可向外泄露相关情况，不准擅自关闭运行正常的监控设备。

（3）值班人员进行监控时，应集中精力，全神贯注，迅速判断，果断操作，不得擅自离岗或做与工作无关的事。

（4）闭路电视进行24小时监控，无关人员不得随意进入监控室进行调视查看。

（5）值班人员必须密切注意监视屏幕的动态画面，一旦发现可疑情况应即时通知巡逻员。赶赴现场进行处理，必要时马上通知有关部门领导。

（6）非值班人员不准随意查看录像资料，必须查看的须经有关领导批准同意方可查看。如有重要情况发生的录像资料应单独保留以备查看。

（7）如监控设备出现故障，应立即通知客户服务中心，要求维保人员进行处理，并做好记录。

（8）当班人员应保持室内空气清洁、设施设备无尘、物品摆放整洁、温（湿）度符合要求、入室需换拖鞋；不准带入与工作无关的任何物品。

（9）当班人员应及时做好当日值班记录，记录内容包括交接班、警情处理方式、设备运行、故障及维修情况等方面。

（10）监控中心的监控录像应保存7天以上，以便备查。

（11）监控中心应严格禁止：吸烟，以防烟雾侵蚀电子元件；把监控电脑、备用电源、录像机、电话机挪作他用；带入、存放易燃易爆物品；操作台上禁止摆放与工作无关的物品。

（二）设备的操作与检查

（1）监控值班员要熟练掌握消防、监控设备的工作性能及分布位置。

（2）备好、管好、维护好监控中心的备用电源，确保辖区停电期间监控设施设备能正常运行。

（3）监控值班员应严格按程序对监控设备进行操作，并密切关注监控设备的运行情况，如图2-18所示。

（4）在设备运行期间发现不正常现象或故障，监控值班员应立即向班长报告，经检查、判断后做出处理决定。

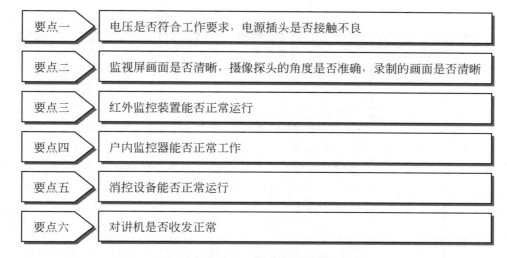

图2-18 监控值班员对设备的关注要点

（三）报警发生的处理

报警发生的处理要求如表2-14所示。

表2-14 报警发生的处理

序号	报警类型	处理要求
1	户内报警	（1）当主机发出报警信号时，监控值班员应立即查看报警位置，确认报警类型 （2）立即用对讲机向辖区秩序维护员发出指令。监控值班员发指令时，应口齿清楚，语言简练，报警内容和具体位置要连呼三遍。如对讲机受到干扰，一方送话或接受不灵，应迅速改用电话联系 （3）秩序维护员接警后应立即赶赴报警区域进行处理，并把情况反馈到报警中心。事后，监控值班员和秩序维护员应做好相关的记录
2	周边报警	（1）当主机发出报警信号时，监控值班员应仔细查看报警区域图像 （2）辨别警情内容，如属行人误入防区的可及时复位；如发现形迹可疑的人翻墙进入辖区的，应立即用对讲机通知秩序维护员：讲清具体的位置、嫌疑人员的体貌特征，由秩序维护员前往制止或抓捕

续表

序号	报警类型	处理要求
2	周边报警	（3）对无电视报警系统的周边报警，应参照"户内报警"的内容执行 （4）若同一防区出现多次误报警，秩序维护队长、监控值班员应及时向秩序维护部汇报，并及时将信息反馈到维修中心或安装单位进行报修 （5）监控值班员如发现周边报警系统在24小时内无报警现象时，应立即通知辖区秩序维护组进行测试，并将测试结果向报警中心进行反馈 （6）监控值班员应做详细的警情处置记录
3	监视系统报警	（1）监控值班员通过监视屏进行动态观察时，如发现出入口、车库（停车场）、大堂、电梯、楼层有异常情况或可疑人员，应立即用对讲机通知秩序维护员：讲清具体的位置，嫌疑人的体貌特征，由秩序维护员前往查处 （2）通过监视屏进行跟踪监视，及时给秩序维护员提供准确的信息 （3）做好相关的记录
4	火灾报警	（1）当主机发出火警讯号时，应立即用对讲机通知秩序维护员前往检查并讲清火警的具体位置，如属误报，应及时复位；如经常发生误报应及时向秩序维护部报告，并把信息反馈到维修中心或安装单位进行报修 （2）如确认是火警： ——立即向有关领导进行报告 ——根据火情的大小及现场最高负责人的指令，启动消防水泵、排烟阀、送风阀，关闭分区防火门，启用消防广播 ——通过监视屏对火警现场进行报警，为志愿消防员的扑救和疏散工作提供准确信息，并报告是否有异常情况和可疑人员 ——检查电梯内是否有人 ——坚守岗位，做好一切应急准备工作，等待指令 （3）对火警的处置过程进行记录

八、小区内交通管理标准

（一）车辆行驶和停放管理

（1）监督进入辖区的车辆不可超过限速标志的限定、禁鸣喇叭，并指挥车辆按规定方向靠右行驶，停放在指定的停车位置，以便于车辆停放整齐。

（2）提醒司机关锁好车门、窗，并将车内的贵重物品随身带走。

（3）巡检车辆情况，发现门、窗未关好，有漏油、漏水等现象应及时通知车主。

（4）留意进入辖区的一切车辆情况，对载有易燃、易爆等危险物品的车辆禁止进入辖区（施工必需的除外）。非业主车辆携较贵重或大量物品出辖区时，秩序维护员有权检查车辆并要求其做出说明。

（5）严密注视车辆情况和驾驶员的行为，若遇醉酒驾车者应立即劝阻，避免交通意外事故的发生。

（6）在纠正司机乱停乱放时，应面向司机敬礼，并有礼貌地要求司机将车停放到指定的停车位置。

（7）指导行人走人行道，自行车靠右侧道路行驶。

（8）对辖区路面的一切车辆实行统一停放管理，如图2-19所示。

图2-19 小区门口严禁停车设摊

（二）交通设施的管理

（1）秩序维护员在日常的安保工作中应对辖区的交通标志及设施进行检查，发现有损坏的应予以记录并及时报告秩序维护班长。

（2）秩序维护班长对报告的交通标志的损坏情况进行核实，并报相关部门进行维修或更换。

（3）保护各种交通设施不被破坏。小区入口岗亭设施如图2-20所示。

图2-20　小区入口岗亭设施

九、突发事件处理标准

在物业管理的日常工作中，有些隐患是不易被提前判别的，也是很难在事先加以控制的。但事件发生了，如果能够及时而有效地进行处理，也可以大大减少事件的危害程度。

（一）发现盗窃、匪警的应急处理

（1）秩序维护员在执勤中遇有（或接报）公开使用暴力或其他手段（如打、砸、抢、偷等）强行索取或毁坏管理处和业主（用户）财物或威胁业主

（用户）人身安全的犯罪行为时首先要拨打"110"求助，同时要切实履行秩序维护员职责，迅速制止犯罪。

（2）当发生突发案件时，要保持镇静，设法制伏罪犯，同时立即通过通信设备呼叫求援；如身上无通信设备可大声喊叫，以取得其他秩序维护与群众支持。

（3）受调遣的秩序维护员在听到求援信号后，要立即赶到现场，监控中心/秩序维护通知路岗封锁出口，然后视情况向有关领导汇报。

（4）若犯罪分子逃跑，一时又追捕不上时，要看清人数、衣着、相貌、身体特征、所用交通工具及特征等，并及时报告管理处，重大案件要立即拨"110"电话报警。

（5）有案发现场的（包括偷盗、抢劫现场）要保护现场，任何人不得擅自移动任何东西，包括罪犯留下的一切手痕、脚印、烟头等，不得让外人进入现场；在公安机关人员未勘查现场或现场勘查完毕之前，不能离开。

（6）记录用户所提供的所有情况，记录被抢（盗）物品及价值，询问住户是否有任何线索、怀疑对象等情况。

（7）若是流动作案，没有固定现场，对犯罪分子遗留下的各种物品、作案工具等，应用钳子或其他工具提取，然后放进塑料袋内妥善保存交公安机关处理，切不可将秩序维护员或其他人员的指纹等留在物品上。

（8）事主或现场如有人员受伤，要立即设法尽快送医院医治抢救并报告公安机关。

（9）秩序维护班长做好现场记录，并写出书面报告报上级。

（二）发现斗殴

（1）接监控中心通知，发现有人争吵、斗殴的现象时，要及时制止。制止原则如图2-21所示。

（2）迅速报告管理处领导、主管领导，由管理处出面调解；如个人力量单薄，应请求增援。

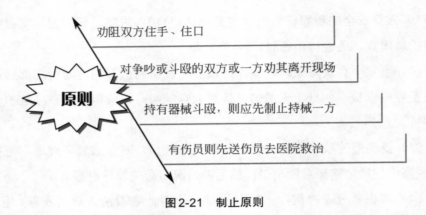

图 2-21　制止原则

（3）在制止争吵、斗殴双方时，切记不能动手，不允许恶言相向。不要带有主观意向，倾向任何一方。

（4）确能认定在辖区内属违法犯罪行为时，应及时报告"110"，并视情形采取措施将其制伏，扭送公安机关。

（5）要提高警惕，耐心说服、劝阻围观群众离开，防止坏人利用混乱之机，进行破坏活动或偷窃，确保秩序维护目标区域内的正常秩序。

（三）发现业主（用户）醉酒闹事或精神病人

（1）醉酒者或精神病人失去正常的理智，处于不能自控的状态下，易对自身或其他人造成伤害，秩序维护员应及时对其采取控制和监督措施。

（2）如果熟悉或认识醉酒者，应设法立即通知其家人或工作单位，让他们派人领回，并采取控制和监护措施。

（3）若醉酒者有危害秩序维护目标或危害社会安全的行为时应立即阻止，并上前将其制伏后送公安机关处理，过程中要注意保护自己。

（四）发现爆炸物及可疑爆炸物等危险物品

（1）秩序维护员发现或接到各类可疑物品时，要立即向主管领导及管理处报告，并留守现场，阻止任何人再接触可疑物。

（2）主管领导立即组织人员赶到现场，向有关人员了解情况，如初步确认可疑物品为危险物品时，立即对附近区域的人员进行疏散，并设置临时警戒线，任何人员不得擅自入内。

（3）立即向公安机关报案，并向公司领导通报。

（4）对附近区域进行全面搜寻，以消除隐患。

（5）待公安人员到现场后，协助公安人员消除爆炸危险隐患，并进行调查。

（6）如果危险已经发生，秩序维护员要立即赶到现场协助抢救，运转伤员，稳定人员情绪，保护好现场，安置疏散人员。

（五）接报刑事案件

（1）接报人员首先要问清报案单位、报案人姓名，并要求在场人员不得动用现场的任何物品，做好现场保护。

（2）将报案情况向主管领导及管理处通报。

（3）秩序维护员到现场后对现场进行保护，劝阻、疏散围观人员，对现场及外围人员进行观察，并记录在心。

（4）对焚尸、焚物现场要迅速组织人员扑救，并最大限度地将现场保护完好。

（5）向当事人员及现场有关人员了解案情。

（6）向公安机关报案，等待警车到达现场。

（7）将受伤人员的伤势在向公安机关报案时一并进行通报，必要时送往医院救治。

（8）向警方介绍情况，并协助破案。

（六）接报治安案件

（1）斗殴、流氓、暴力事件报案时，要问清发案地点、人数、闹事人是否带有凶器。

（2）通报主管领导及管理处，并立即赶赴现场、控制事态、劝阻疏散围观人群。

（3）制止双方的过激行为，分别将各方带到秩序维护部，进一步了解情况，做好笔录，并提出对事件的处理意见。

（4）派人清查损坏物品的数量。

（5）向公安机关报案，同时对打、砸、抢及蓄意破坏的肇事者，进行控制并送公安机关。

（七）对水浸（跑、冒、漏）紧急处理

（1）秩序维护员发现或接报跑、冒、漏水时，立即通知管理处，并采取相应措施。

（2）管理处接报后，通知维修部、助理室有关人员赶到现场。

（3）到现场后立即制止水源及范围扩大，进行设备修理。

（4）清洁水灾影响的区域。

（5）汇报管理处。

（6）工程有关人员调试系统，恢复正常位置。

（八）对盗窃事件的处理

（1）管理处或控制中心接到通知后，应立即派有关人员到现场。

（2）如证实发生罪案，要立即拨打"110"报警，并留守现场，直到警务人员到达。

（3）禁止任何人员在警务人员到达现场前触动任何物品。

（4）若有需要，指令关闭入口大门，劝阻业主（用户）及访客暂停出入，防止窃贼乘机逃跑。

（5）当警务人员到达后，应清楚记下办案警官级别、编号及报案编号，以作日后查阅、参考之用。

（6）认真对待传媒人员入内采访。

（7）尽速向主管呈交案情报告。

（九）停车场被劫事件

对于停车场内的行劫案件类别及应采取的行动如表2-15所示。

表2-15　停车场内行劫案件类别及应采取的行动

行劫案件类别	应采取的行动
车主、司机、乘客、车上财物遭劫	（1）报警及通知控制室 （2）留意匪徒的容貌、人数、有无武器和汽车接应，接应车辆牌照号码及逃走方向等
收银处	（1）通知大厦主管、控制室及警方 （2）不可接触任何物品，如收银机等 （3）查看现场是否仍有匪徒 （4）照顾受伤者 （5）当警务人员抵达现场后，应记录主管警官级别，编号及报案编号，并尽快报告给主管

（十）水患应急处理

（1）检查漏水的准确位置及所属水质，例如冲厕水、工业用水或排污水等，并在许可能力下，立即设法制止漏水，如关上水阀。若不能制止时应立即通知机电维修人员、管理处经理及中央控制中心寻求支援，在支援人员到达前须尽量控制现场，防止范围扩散。

（2）观察四周环境，漏水是否影响各项设备，如电力变压房、升降机、电线槽等。

（3）利用沙包及可用的物件堆垒，防止漏水渗入升降机等设备，并须将升降机立即升上最高楼层，以免被水浸湿而使机件受损。

（4）利用现有设备工具，设法清理现场。

（5）如漏水可能影响日常操作、保养及申报保险金等问题时，须拍照片以作日后存档及证明。

（6）通知清洁部清理现场积水，检查受影响范围，通知受影响业主（用户）。

（7）日常巡逻时，应留意渠道是否有淤泥、杂物或塑料袋，随时加以清理干净，以免堵塞。

（8）如该地区及建筑物曾经有水浸记录，平日必须准备足够沙包，以备急用，如图2-22所示。

图2-22 防汛专用沙袋

（十一）发现业主受伤或生病处理

（1）当发现有业主或其他任何人在公用地方突然晕倒或意外受损伤时，必须通知上级并打急救电话求助。

（2）将病者或伤者安置在适当地方休息，并设法通知其家人或公安机关。

（3）妥善保管好伤者或病者的财物，当公安机关人员到达时，交公安人员处理。

（4）尽量将伤者或病者与围观者隔离。

（5）将详细情况记录后，尽快呈交主管。

（十二）电梯困人处理

（1）若有乘客被困在电梯内，如有闭路电视及对讲机，则须把电视机镜头移至困人的电梯内，观察电梯内的活动情况，安慰被困者。

（2）立即通知电梯保养公司紧急派人修理该电梯，在打电话时必须询问对方姓名及告知有人被困。

（3）被困者内如有小孩、老人、孕妇或人多供氧不足的须特别留意，必要时及时请求消防人员协助。

（4）被困者救出后，须询问：是否有不适，是否需要帮助等。

（5）必须记录事件从开始到结束的时间、详细情形及维修人员、消防员、警员、救护人员到达和离去的时间，消防车、警车及救护车号码等。

（6）必须记录被困者救出的时间或伤员离开时间及记录伤员送往哪家医院。

（十三）停电和电力故障处理

（1）若电力公司预先通知物业所在区域暂时停电，应立即将详情和有关文件呈交主管。

（2）管理处应安排电工值班。

（3）有关停电通知预先张贴在公告栏内。

（4）当供电恢复时，秩序维护员必须与电工检查辖区内所有设备的正常运作情况。如有损坏，须立即报告，安排修理。

（5）管理处必须随时准备电筒和其他照明物品，以便晚间突然发生停电时使用。

（6）当辖区晚间发生突然停电事故时，秩序维护员应立即通知班长及控制中心，安排机电维修部人员维修，并通知业主（用户）有关停电情况，防止偷盗和抢掠。

（十四）防盗、报警系统误报、误操作处理

（1）监控中心接到报警信号，迅速通知离报警点最近的巡逻员前往确认。

（2）受调遣的秩序维护员一方面速往报警业主（用户）家查询情况，一方面用对讲机与上级联系。

（3）经查实为误报、误操作造成报警的，向业主（用户）讲解有关智能设施的正确使用方法，以防止今后再发生类似事件。

（十五）易燃气体泄漏应急处理

1. 接到易燃气体泄漏的处理

（1）当收到怀疑泄漏易燃气体报告时，应立即通知班长，并尽快赶到现场查看究竟。

（2）抵达现场后，要谨慎行事，敲门进入后，不可开灯、开风扇及任何电源开关；必须立即打开所有门窗，关闭煤气或石油气阀；严禁现场吸烟。

（3）通知所有人离开现场，有关人员到场检查，劝阻围观人员撤离现场。

（4）如发现有受伤不适者，应小心妥善处理，等待救护人员及公安人员抵达现场。

（5）管理人员在平时巡逻时应提高警惕，遇有不寻常气体味道时，应小心处理。对煤气及石油气总阀的位置和开关方法应了解和掌握。

（6）将详细情况记录下来，尽快呈交主管。

2. 值勤中发现煤气泄漏的处理

值勤中嗅到煤气味的处理如表2-16所示。

表2-16 值勤中嗅到煤气味的处理方法

序号	处理方法	具体说明
1	嗅到轻微煤气味	（1）马上追查气味来源，这时煤气炉、热水器的导燃火苗应早已熄灭，煤气炉的炉火也很可能被风吹熄 （2）把煤气炉导燃火苗或炉火关掉。如果火苗没有开关，把煤气表旁的总阀关掉 （3）熄灭香烟及一切火焰，关上屋内所有电暖炉 （4）打开门窗，等待煤气完全消散 （5）再点上导燃火苗或煤气炉 （6）若仍然不断嗅到煤气味，马上通知煤气公司，切勿试图自行修理
2	嗅到浓烈煤气味	（1）关上煤气表旁边的总阀 （2）打开所有门窗 （3）熄掉香烟及一切明火

续表

序号	处理方法	具体说明
2	嗅到浓烈煤气味	（4）如果屋里有伤者，且不省人事，应将伤者移到空旷地方，使其身体成复原卧式 （5）打电话通知救护车并马上通知煤气公司 （6）记住切勿用火柴或打火机点火，来追寻煤气管上的漏气处 （7）切勿进入煤气味特别浓烈的房间，毒气积聚起来会使人失去知觉

（十六）台风侵袭时处理

（1）秩序维护员对辖区易受台风侵袭的部位进行全面巡查，发现有可能被台风摧毁的设备和物品，及时进行处理，不能处理的立刻报机电维修部，及时进行处理。

（2）各部门人员负责确保各自工作环境的防风安全，检查设备、物品是否牢固，门窗是否关严。

（3）辖区各部门准备手电筒和其他必备应急物品。

（4）秩序维护部成立后备队，在台风增强时随时准备出动。

（5）台风转变成烈风、暴风时：出动后备队，加强对辖区范围的巡查，密切注意各重点部位的防范工作。辖区其他部门成立后备队，一旦发生不测，随时出动抢险。

（6）做好灾后处理，具体要求如图2-23所示。

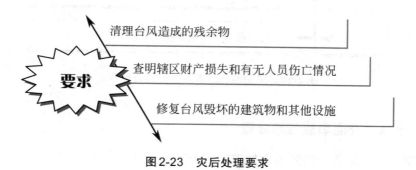

要求

清理台风造成的残余物

查明辖区财产损失和有无人员伤亡情况

修复台风毁坏的建筑物和其他设施

图2-23　灾后处理要求

（十七）高空坠物应急处理

高空坠物是一项严重的非法行为，当管理处接获该类投诉时，采取以下行动：

（1）立即派人进行调查，设法寻找肇事者。

（2）如有需要可向肇事者发出警告，并报告公安机关。

（3）如果未能找出肇事者，在有需要时通知所有业主（用户），并指出该行为的严重性。

（4）拍照存案。

（5）记录一切详情在"物业日常管理记录簿"内。

（6）如高空坠物引起有人受伤，管理人员应做到如图2-24所示的几点。

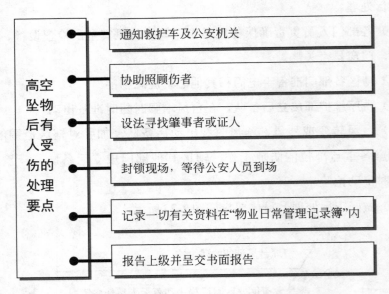

高空坠物后有人受伤的处理要点
- 通知救护车及公安机关
- 协助照顾伤者
- 设法寻找肇事者或证人
- 封锁现场，等待公安人员到场
- 记录一切有关资料在"物业日常管理记录簿"内
- 报告上级并呈交书面报告

图2-24　高空坠物后有人受伤的处理要点

（十八）交通事故应急处理

交通事故应急处理的要求如表2-17所示。

表2-17　交通事故应急处理

序号	事故性质	处理要求
1	无人受伤的交通意外	（1）维持秩序，使现场交通恢复顺畅 （2）记录事件 （3）如有需要，拍照以做记录 （4）如物业部分因意外可能危及其他人，应将该范围封锁 （5）如有需要，通知物业维修人员到场采取行动 （6）如有需要，张贴警告标志 （7）秩序维护队长应将事件详情记录在"物业日常管理记录簿"内，并向上级做书面报告
2	导致有人受伤的交通意外	（1）指挥交通，给予尾随车辆警告 （2）在适当情况下将伤者移离危险位置 （3）拨打"110"报警，等候支援 （4）记录事件及拍照 （5）通知员工、主管或公司 （6）事后记录在"物业日常管理记录簿"内，呈交详尽报告给上级

（十九）噪声应急处理

（1）应留意辖区四周所产生的噪声，不论是否由机器、音响、人为等造成，均能直接影响其他业主（用户）。

（2）当接到业主（用户）投诉或由物业管理员发现，均须对噪声及来源进行调查，并将事件记录。

（3）业主（用户）在规定许可装修/施工时间外发出装修/施工噪声，巡逻员应立即上门劝阻，如业主（用户）或装修公司/施工单位仍拒绝停止引起噪声的工程，巡逻员应向就近公安机关报案。

（二十）火灾

（1）接到或发现火警时，立即向上级报告。

（2）秩序维护队长接到火警通知后，立即到现场指挥灭火救灾工作。

（3）指派一名班长协同管理人员负责楼内业主（用户）的安全疏散工作。

（4）消防、监视中心立即通知有关人员到指挥部集结待命。

（5）大堂的秩序维护员立即控制大堂的出入口，对所有的人员，只许出，不许入。

（6）启动应急广播，向业主（用户）讲明某位置发生火情，不要惊慌，带好房间钥匙，锁门后有秩序地进行安全撤离。

（7）通知机电维修部变电室断电启动备用消防电源。

（8）通知空调机房，关闭空调系统，开启防、排烟系统及加压风机。

（9）通知水泵房，随时准备启动加压水泵。

（10）根据火势大小，向消防队报警。

（11）消防队到达后配合其工作。

（12）通知有关机电维修人员到现场随时待命。

（二十一）发现有人触电的处理

（1）马上赶到现场，截断电源，关上插座上的开关或拔除插头。如果够不着插座开关，关上总开关。

（2）若无法截断电源，可站在绝缘物体上，诸如凳子、木梯、木箱之类，用扫帚或木椅等物件把伤者拨离电源。切勿用潮湿的工具或金属物质把伤者拨开。

（3）另一个办法是绳子和长裤或任何干布绕过伤者腋下或腿部，把伤者拖离电源。切勿用潮湿的物件拖动伤者，如湿毛巾。

（4）如附近找不到电源，要找绝缘的东西（如竹竿）将线头挑开，切忌在关掉电源之前用人体接触触电者，防止自己触电。

（5）若伤者昏迷，将其身体放置成复原卧式。

（6）立即采取急救措施对触电者进行急救，过程中注意保护、防止触电者摔伤。

（7）若伤者曾经昏迷、身体烧伤或感到不适，必须立即用对讲机或示意他人向领导汇报，以便请求医院急救病人，或立即送伤者往医院急救。

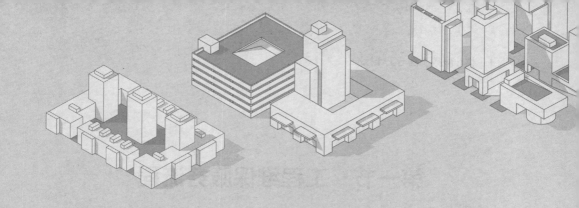

第三章 | 工程维保服务
Chapter three

工程维保服务关系到服务成本和企业资金的合理利用，关系到设备的技术安全和小区和谐，因此，物业管理企业应规范工程维保服务的流程和标准，以便让业主（用户）满意，使设备设施完好，并合理控制成本。

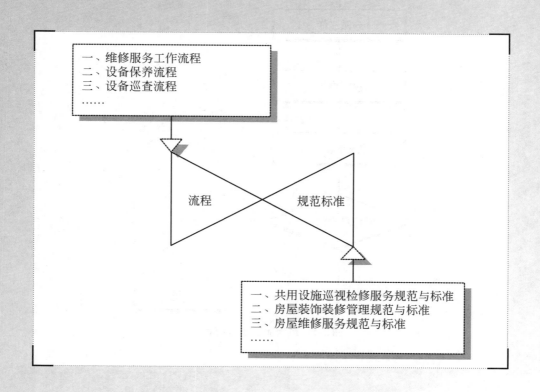

一、维修服务工作流程
二、设备保养流程
三、设备巡查流程
……

流程　　　　　规范标准

一、共用设施巡视检修服务规范与标准
二、房屋装饰装修管理规范与标准
三、房屋维修服务规范与标准
……

第一节　工程维保服务流程

一、维修服务工作流程

维修服务工作流程如图3-1所示。

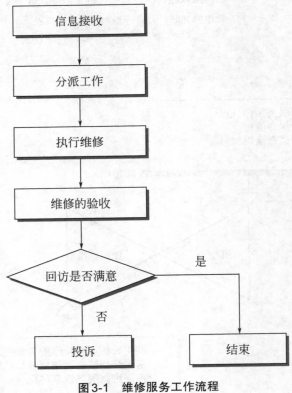

图3-1　维修服务工作流程

二、设备保养流程

设备保养流程如图3-2所示。

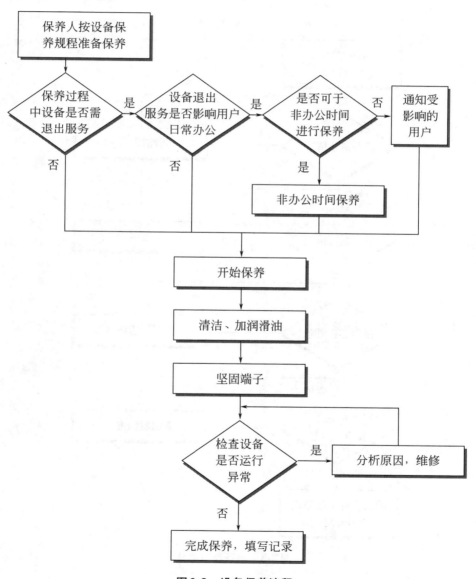

图3-2 设备保养流程

三、设备巡查流程

设备巡查流程如图3-3所示。

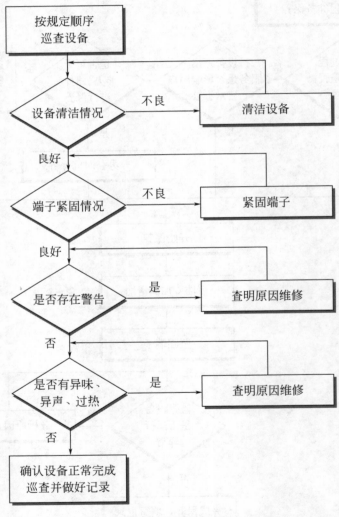

图3-3 设备巡查流程

四、公共设施维修程序

公共设施维修程序如图3-4所示。

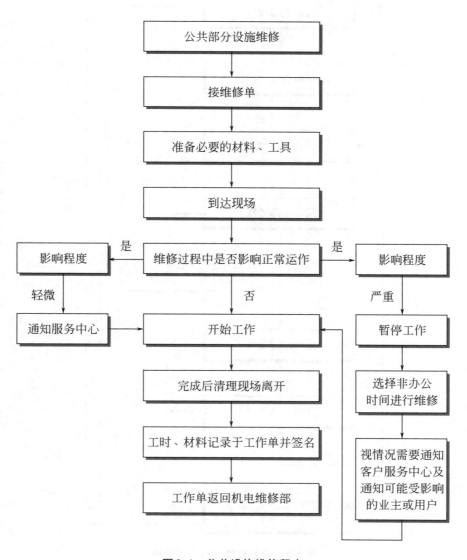

图3-4　公共设施维修程序

五、紧急故障处理工作流程

紧急故障处理工作流程如图3-5所示。

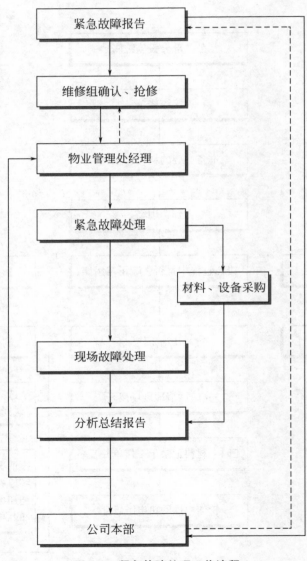

图3-5 紧急故障处理工作流程

六、设备故障维修工作流程

设备故障维修工作流程如图3-6所示。

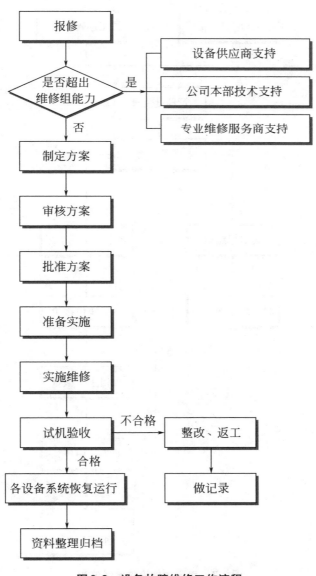

图3-6 设备故障维修工作流程

七、房屋本体设施修缮流程

房屋本体设施修缮流程如图3-7所示。

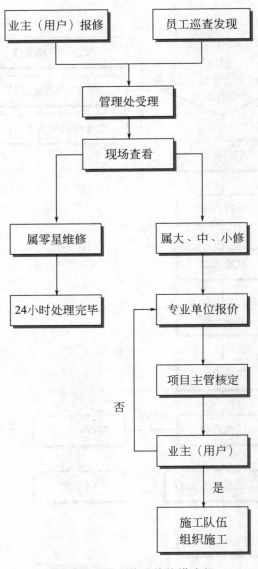

图3-7 房屋本体设施修缮流程

八、物业装修管理流程

物业装修管理流程如图 3-8 所示。

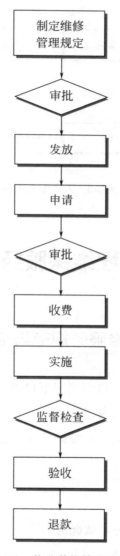

图 3-8　物业装修管理流程

九、入户服务流程

入户服务流程如图3-9所示。

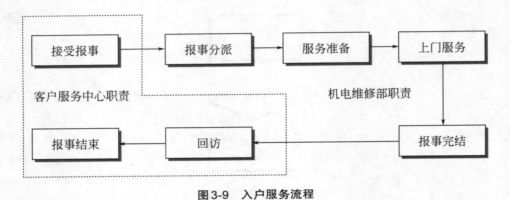

图3-9　入户服务流程

第二节　工程维保服务规范与标准

一、共用设施巡视检修服务规范与标准

机电维修部主管应于每月月底制定下月的巡楼宇工作方案，内容应包括责任区域的巡查安排及巡查的内容等。

如图3-10所示的是某大厦综合维修巡视路线图。

（一）楼宇巡查的内容

（1）治安隐患的巡查。

（2）公共设施设备安全完好状况的巡查。

（3）清洁卫生状况的巡查。

（4）园林绿化维护状况的巡查。

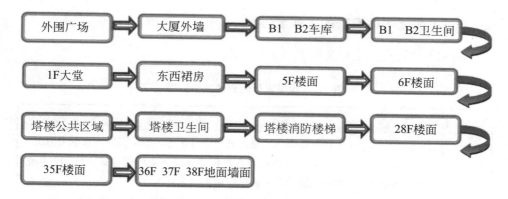

注：1.按照巡视内容及标准进行巡视，发现问题及时处理，不能及时处理的巡视结束
　　后开自检工单进行维修，并填写在交接班记录上。
　　2.每天巡视不少于一次。

图3-10　某大厦综合维修巡视路线图

（5）装修违章的巡查。

（6）消防违章的巡查。

（7）利用巡查机会与住户沟通。

（二）楼宇巡查的方法

楼宇巡查的方法如图3-11所示。

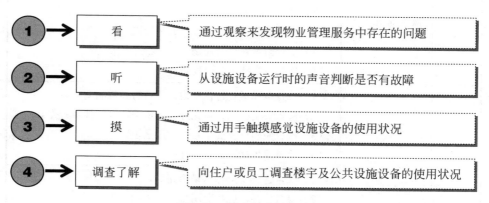

图3-11　楼宇巡查的方法

（三）房屋本体巡查的工作要领

房屋本体巡查的工作要领如表3-1所示。

表3-1　房屋本体巡查的工作要领

序号	巡查要领	具体说明
1	检查水电表	（1）检查水电是否处于正常状态，记录损坏的水电表情况 （2）当水表在无人居住的情况下运转时应关上阀门，预防水浸事故，并在该门口贴上相关告示 （3）当发现电表异常运转（如倒转、有盗电嫌疑）时，应在《巡查登记表》中予以记录并及时报告机电维修部主管
2	巡查楼梯间	（1）检查走廊灯、楼梯灯是否正常，门、窗是否处于完好状态 （2）检查梯间墙身、天花批荡是否出现剥落、脱漆，墙、地面瓷片是否完整无损 （3）检查消火栓是否标识完好、配件齐全；灭火器是否有漏气或过期、失效现象；防火门是否关闭；消防安全疏散指示灯是否完好；消防疏散通道是否堵塞；防盗预警设施及消防报警设施是否完好 （4）检查卫生状况是否良好
3	巡查逃生天台	（1）检查逃生天台是否能随手打开（严禁上锁） （2）检查天台护栏是否完好，避雷针、电视天线、隔热层是否完好 （3）检查有无违章占用逃生天台现象 （4）检查雨水管是否通畅 （5）检查卫生状况是否良好
4	巡查电梯	（1）检查电梯运转是否平稳，是否有异常响动 （2）检查安全标识是否完好，电梯按钮等配件是否完好 （3）检查照明灯及安全监控设施是否完好 （4）检查卫生状况是否良好
5	巡查大堂、门厅、走廊	（1）检查各类安全标识是否完好 （2）检查公共设施和照明灯及垃圾箱是否完好 （3）检查卫生状况是否良好

？小提示

巡查中发现梯间弥漫石油气味、焦味时应立即对相关居室进行调查，当原因不明时应立即告知秩序维护部进行检查。

（四）公共设施设备巡查的工作要领

公共设施设备巡查的工作要领如表3-2所示。

表3-2 公共设施设备巡查的工作要领

序号	巡查要领	具体说明
1	巡查水、电、气、通信设施	（1）检查室外设施有无破损现象，各种管线有无渗、漏、滴、冒现象 （2）检查室外设施有无生锈、脱漆现象，标识是否完好 （3）检查室外消防设施是否备件齐全、标识完好
2	巡查公共文体设施	（1）检查雕塑小品是否完好，是否有安全隐患 （2）检查儿童游乐设施是否完好，有无安全隐患 （3）检查绿地、绿篱、乔灌木是否有枯死、霉病现象，是否有黄土裸露现象，长势是否良好
3	巡查道路、广场、公共集散地	（1）检查设施设备是否完好，是否有违章占用现象 （2）检查标识、路牌、警示牌是否完好 （3）检查各类雨、污水井盖是否完好，照明灯、装饰灯是否齐全 （4）检查卫生状况是否完好
4	巡查停车库、停车场、单车棚、摩托车场	（1）检查防盗设施是否完好 （2）检查停放的车辆是否有损伤现象 （3）检查卫生状况是否良好

（五）巡查周边环境

（1）检查小区内是否有乱张贴、乱拉线等现象。

（2）检查是否有损坏公共设施、违章制造噪声、污染环境、高空抛物现象。

（3）检查是否有违章饲养家禽家畜等现象。

（4）检查卫生状况是否良好。

（六）巡查违章装修

（1）装修现场或装修行为是否存在消防安全隐患，是否存在违反治安管理规定的行为。

（2）燃气管道及燃气表是否移位，壁挂炉及其排烟管是否移位。

（3）是否拆除厨房排烟道、卫生间排气道，移动排烟口、排气口，是否拆改露台排烟道、排气口出口。

（4）是否窗外加装防护栏/网。

（5）是否拆除房屋原有的防护栏杆。

（6）是否户门外移，或楼道加装防盗门。

（7）暖气片是否移位，或拆改地埋管。

（8）是否擅自拆改天然气、供水排水管道。

（9）是否拆改、破坏承重结构。

（10）是否违规擅自安装太阳能热水器。

（11）是否擅自改变房屋设计用途。

（12）是否擅自改变房屋外立面。

（13）是否未按要求擅自安装空调室外机。

（14）是否在装修过程中损坏公共设施，或改变、影响公共设施设备的原有功能。

（15）设备设施装饰后，所留的检修孔、洞是否便于维修。

（16）是否遗留装修物料、垃圾于公共部位及场所。

（17）增改建项目是否影响异产毗连物业的正常使用。

（18）其他违章事项。

巡查装修现场如图3-12所示。

图 3-12 巡查装修现场

（七）巡查空置房

（1）机电维修部每月对空置房土建及配套设备设施进行全面巡视检查，填写"空房（托管、空置）动态管理登记表"。

（2）对检查中发现的问题进行分类，卫生问题转环境管理部处理，安全问题转秩序维护部处理，工程质量问题由开发商通知施工单位处理。要求对处理结果形成书面记录。

（3）对因特殊原因不能如期完成的工程整改，需注明原因并提出整改意见和完成时间。

对巡查中发现问题的处理要领如下：

（1）维修人员巡查时发现有上述问题出现时，如本人能进行规劝、阻止、处理的，应予以立即解决；否则及时将问题记录在"巡查记录表"中，巡查回来后报告机电维修部主管解决。

（2）机电维修部主管视情况按图 3-13 所列情况处理。

（3）对巡查中发现的重大问题，机电维修部主管应及时向管理处经理汇报，由管理处经理处理。

（4）巡查中发现问题处理完毕后机电维修部维修人员应现场验证，处理的过程和验证的结果均应有完整的记录，并经相关人员签字认可。

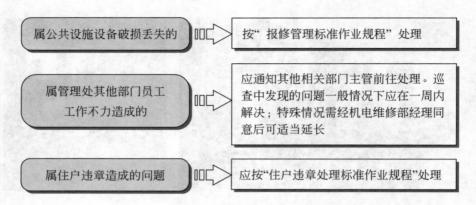

图3-13　不同情况的处理

（八）巡查记录

"巡查记录表""巡查问题处理表"每月底汇总由机电维修部归档保存，保存期两年。

（九）其他要求

（1）机电维修部主管应每周不少于三次全域巡视检查。并将巡视区域划分到巡视责任人，责任人每天应至少两次巡视责任区域，并在"巡视记录表"中做好记录。

（2）巡视中发现的问题应立即处理，不得人为拖延。

（3）管理人员、秩序维护、保洁、绿化等公司员工，应自觉参与巡视工作，发现问题，及时报告机电维修主管，由机电维修主管安排处理。

（4）对影响小区日间管理的维修，应调整时间，安排在夜间施工。

（5）对一些工艺要求较高、管理处难以自行解决的工作项目，机电维修主管应填写"设备对外委托维修申请单"，报请公司领导批准后执行，机电维修主管负责对进度、工艺质量及造价进行监控。维修结束，机电人员需对设备设施进行检测，检测合格方予以验收。

（6）定期检查项目一览表如表3-3所示。

表3-3　定期检查项目一览表

周期	序号	检查内容
每年	1	梁、柱、板主体
	2	墙体、墙面（马赛克、大理石、条砖、瓷面砖、喷涂）
	3	顶棚
	4	楼梯、扶手
	5	公共门窗
	6	屋面隔热层、防水层（雨季前须另外检查）
	7	楼板、地面砖
	8	所有消火栓（11月底至12月上旬）
半年	1	天台扶栏、避雷带
	2	公共防盗网
每季	1	散水坡、雨檐台、连廊
	2	通风口
	3	5%消火栓的开箱试水（循环检查）
每月	1	水箱、水池
	2	信报箱
	3	上、下雨水管和污水管
	4	设备房（水泵房、配电房、电梯房）
	5	消火栓
半月	1	公用电器
每周	1	电子对讲门
八年	1	马赛克外墙面，清洗一次
	2	室外喷涂墙体、墙面喷涂一次
五年	1	饰面和抹面
三至四年	1	室内楼道、楼梯墙面全面修补、粉刷或喷涂一次
	2	顶棚全面保养、粉刷一次
	3	楼梯、扶手全面修补粉刷一次
	4	上、下雨水管和污水管四年油漆一次

续表

周期	序号	检查内容
二年	1	天台铁栏、避雷带、公共防盗网油漆一次
	2	电子对讲门刷漆一次
	3	木门、窗油漆一次
一年	1	木门、铁门、防火门、铝合金窗、百叶窗、木窗
	2	信报箱每年刷漆一次（根据需要）
	3	房屋标识（栋号、单元号、楼层号）每年重喷写一次
	4	设备房（水泵房、配电房、电梯房）刷漆一次
半年	1	明、暗沟（全面检查）
	2	给排水管道（含绿化用水管阀）
每季	1	电缆沟盖板
	2	雨、污水井、盖
	3	化粪池
	4	高压钠灯、汞灯
	5	室外消火栓（全面试放水检查一次）
每月		喷水池
每周	1	室外建筑小品、标识牌
	2	车棚、车架
每天		儿童游乐设施
随时检查	1	道路（包括水泥路面、花岗石路面、电缆沟盖板、路沿石踏步、台阶等）
	2	垃圾车、垃圾桶（箱）、垃圾中转站
	3	室外各类围墙护栏
	4	其他

注：检查结果填入"巡视记录表"，此表按不同的检查周期分别填写，平时如发现问题也应及时维修。

二、房屋装饰装修管理规范与标准

（一）装修手续的申请和办理

（1）公司各部门员工通过各种途径（如秩序维护员在大门值勤或巡逻过程中发现有客户搬运装修材料）收集和了解客户信息后，应立即按图3-14所示要求办理。

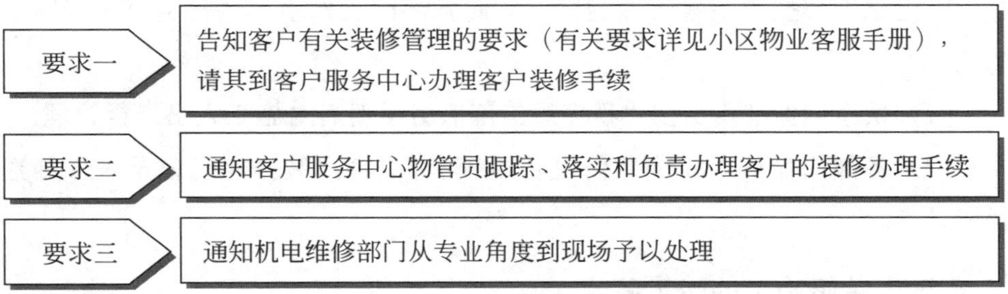

要求一　告知客户有关装修管理的要求（有关要求详见小区物业客服手册），请其到客户服务中心办理客户装修手续

要求二　通知客户服务中心物管员跟踪、落实和负责办理客户的装修办理手续

要求三　通知机电维修部门从专业角度到现场予以处理

图3-14　装修手续的要求

（2）客户服务中心在收到客户办理装修需求时，向客户发放"装饰装修施工申请表""装修管理协议"一式一份（如该客户不是装修房屋的产权拥有人，应请其出具由产权拥有人授权其装修的证明）。

（3）客户服务中心请客户如实填写"装饰装修施工申请表"上的各项内容，请其连同装修设计方案、施工图纸（总平面图、电器线路及排水分布图，比例1：100）、装修施工队伍执照、资质、装修施工单位法人及现场负责人情况表等资料一并交客户服务中心，依据"物业客户服务手册"中"装修制度"的条款给予审核并进行装修评审。

（4）装修评审的程序为机电维修部→综合（保洁、秩序维护、客户服务中心等）→工程经理（或客服经理），并在当天予以办理。

（5）客户和施工队一同到客户服务中心按装修管理规定交纳相关费用：客户应交纳一定数额的装修押金和建渣清运费。施工队应交纳施工人员证件工本费。

（6）机电维修部依据装修制度对客户及施工队进行装修安全及基本要求的培训。指引施工队负责人到客户服务中心办理"施工人员出入证"和"装修许可证"，签订"装饰装修管理协议"及其他相关的文件。

（7）客户服务中心在客户和施工队办理完上述手续后，应立即通知机电维修部开通客户水电，并告诉客户可进场装修。

（二）施工期间的管理

机电维修部按"装修管理制度"对照各部门工作手册每日巡查装修施工情况。

（1）秩序维护部负责按"秩序维护部服务手册"对施工人员进行管理。

（2）各部门做好"装饰装修过程检查表""客户装修违规记录表"等巡视记录表。

（三）装修施工的竣工验收

（1）装修施工结束后，由客户和施工队负责人共同向客户服务中心提出验收申请。

（2）客户服务中心在当日内组织验收人员（机电维修部、秩序维护部、环境管理部）对装修进行现场验收并将验收情况记录在"装饰装修工程验收表"初验栏内，机电维修部配合相关部门与客户施工单位共同验收。客户服务中心收回施工证，施工队当日清场离开。

（3）装修验收完工，并由业主确认合格使用3个月后，机电维修部应对装修施工组织复验，经业主确认复验无问题，由机电维修部主管在"装饰装修工程验收表"内注明"复验合格"后，由财务部退还客户及施工队的装修押金。

（四）违章装修的处理

（1）装修施工期间，发现违章装修的，机电维修部应立即要求客户停止违章装修，恢复原状，并视情况采取图3-15所示方式进行处理。

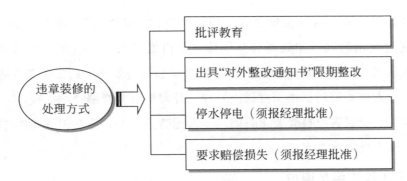

图 3-15 违章装修的处理方式

（2）装修施工验收时，如发现客户违章装修的，机电维修部主管应对违章装修给楼宇安全、美观造成的危害程度做出评估，并视情况征得经理同意后，列清扣款数额，由财务部按进行扣款。

三、房屋维修服务规范与标准

（一）维修服务宗旨

维修服务的宗旨是"主动、热情、耐心、周到"，想客户之所想，急客户之所急，把客户的困难当作自己的困难，体现公司"帮助客户，就是帮助我们自己"的服务理念。

（二）报修内容填写的注意事项

（1）机电维修主管在接到客户服务中心传递的"维修/服务单"，机电维修主管或其指定的责任人应立即接单确认及维修，并在"客户服务中心及责任主管"栏内签收，同时在"接单时间"栏内注明具体的接单时间。

（2）机电维修主管或指定责任人应判断是否使用维修材料，如不需要，则立即落实、安排当班水电工上门维修。如需要，则应立即到库房，领取相应材料后再进行维修处理。

（3）维修人员应按预定处理时间内到达现场进行确认，带上必备的维修材料及工具、及时赶赴现场处理。并请客户在"维修/服务单"上填写维修人员到达现场时间（如处理公共部位，则由维修人员填写到达现场时间）。维修人员未按时到达现场或未对客户报修事项进行处理，则由相关报修处理部门负责人按本部门工作制度做出处理，并向机电维修部经理汇报。

（4）从接到客户报修要求开始，一般无特殊情况，应在30分钟内携带必备的维修工具到达客户家。

（三）维修服务评审

（1）如果客户报修内容属"维修价目表"内的项目，则请客户服务中心进行评审，并将评审意见填写在"维修/服务单"内"合同评审"意见栏。

（2）如果客户报修内容不属"维修价目表"内的项目或客户的维修要求内容不明确时，则由客户服务中心组织机电维修部主管到现场对维修服务进行评审，以确定能否实施该项服务后，由客户服务中心回复客户是否可进行维修。并将评审意见填写在"合同评审表"。

（3）评审的主要内容包括：客户的维修服务要求是否明确，机电维修部是否有能力提供该类服务。

（4）经过评审确认可以实施的维修服务，请客户服务中心与客户约定服务时间并填写"维修/服务单"后，由机电维修主管安排相关责任人上门服务。

（5）评审记录由客户服务中心负责保存。

（6）机电维修主管应根据客户维修服务需求对"维修价目表"内项目不断补充和完善。

（四）维修服务要求

机电人员在维修的全过程，一定要遵守公司管理制度和以下的要求，认真、细致地做好服务态度、礼仪礼貌等工作，维护公司良好形象。

1.上门服务必备条件

（1）统一着装、检查维修工具和所需备件，工作牌、维修用垫布。

（2）上租户/客户家里拜访时，应先致电业主，按约定时间上门，带齐所需资料。

（3）若不需要进入住户室内的，可1人前往；若需要进入住户室内的，原则上应2人一同前往。

2.敲门、按门铃

到达客户家门口，先轻按一下门铃，如无反应，应间歇10秒钟后再按第二次，不要连续按或按住不放。

如客户没有门铃，应先轻敲门三下，如无反应，应间歇10秒钟后再轻敲三下，不要过重或连续不断敲门。

若在此基础上，无人开门，则在"维修/服务单"内"备注"栏内说明，返回客户服务中心，请客户服务中心与客户重新约定时间。

若在此基础上，客户开门，鞠躬30度，面带微笑，"先生/小姐，您好！""我是××客户服务中心的维修人员，请问是您预约了维修吗？"。

3.在得到客户的认可下

（1）穿上自己事先准备的鞋套。

（2）在客户的带领下，进入维修房间。

❓ **小提示**

应注意在客户房间内注意不要随意走动、不高声言谈、不吸烟、不喝客户家的水、不借用客户家的工具。

4.维修过程中

（1）对有偿维修服务，应按照"维修价目表"所列收费标准事先告知客户。

（2）工作要态度热情，尽力解答和满足客户提出的问题和合理要求。

（3）遵守职业道德，爱护客户财产，做到不刁难、不野蛮且不拖延维修，严格按照安全操作规程施工，保证维修质量。

（4）在征得客户同意后，要把有碍操作的物品小心移开，小心轻放，并把一些可能受影响的物品遮盖、包扎好（用塑料布、废报纸等）。尽量使噪声降到最低限度，严禁在室内高声喧哗、嬉笑取闹。

（5）在修理过程中为防止渗水、垃圾散落，应事先铺上自己带来的苫布、毛巾，防止渗水、灰尘散落。

（6）若一时无法完成，需向客户讲明原因，请客户谅解，并另行约定上门时间。若客户要自行购买维修材料，需耐心向客户说明材料的品牌、型号、规格、数量，以免客户因买错而造成损失。

（7）严禁接受客户任何形式的馈赠或向客户索取报酬。

5.工作完毕

（1）及时清扫工作场地。

小的工作垃圾装入塑料袋内，大的工作垃圾（如泥沙、砖头、纸箱等）要搬到附近的垃圾桶（箱）边上。用干净的抹布擦拭弄脏了的各部位（如桌椅、墙壁、地面等）。恢复各物品的原来状态（位置）。

（2）请客户验收。

无论修水、修电，修理完毕必须请客户验收并请客户在"维修/服务单"的"客户意见"栏认可，否则不能作为修好的记录。

验收的内容包括：服务态度、服务质量、工作效率、现场清理、材料品质等5类。请客户验收时，应提醒客户验收意见评价的方法为：满意打√、较满意打△、不满意打×。并对客户不满意之处应尽力改善。

维修员要实验安装/维修后的效果给客户看，实验次数不少于3次。同时要给客户讲解应注意的事项，如果客户有不满意的地方（合理的要求），则应及时进行整改直至客户满意为止。

确认一切正常后，维修员应礼貌地请客户在"维修/服务单"上签名确认，如果客户对此次安装/维修收费有异议，维修员应根据"维修项目收费价目表"向客户作出详尽的解释。消除客户不必要的疑虑。

6.维修完毕，离开客户家时

（1）和客户说声"有什么需要再帮忙的，请尽管与客户服务中心联系""打扰了"。

（2）出门应面向客户后退几步，到门口转身说再见。

（五）维修服务的特殊要求处理

（1）如果涉及停电停水修理，停电停水仅限10户之内，可分别告诉相关客户："先生（女士），我们因处理电器故障，需停电停水×小时，给您带来不便，请原谅"。如果停电停水在10户与30户之间，则事先通知客户服务中心，说明停电停水的范围、时间和原因，以便客户服务中心通过电话、告示等方式给客户进行解释。

（2）如果维修材料是客户提供，机电人员应对用于安装和维修的产品（零部件）进行验证和维护，保证安装和维修后产品达到客户要求的质量。并将检查结果记录在"维修/服务单""备注"栏内。在安装或维修过程中，一旦发现不适用，应及时向客户和使用人报告，并分析可能产生的后果，如客户坚持要使用，机电人员应将情况在"维修/服务单"上注明，并由客户签名认可。公司的验收不能免除客户提供合格产品的责任。对涉及安全要求的产品，除考虑客户的需要外，还应遵守政府及有关部门规定。

（3）如果维修处理问题时遇到不常用的零配件、需其他部门或他人协作监护、受现场客观条件影响使维修时间超过四小时以上等特殊情况，应尽快报告机电维修主管和客户服务中心（有必要时须要求客户服务中心向客户做好解释工作），并按照公司规定采购维修材料，联系相关部门和人员，制定出维修方案。

（4）如果维修处理问题时遇超过维修能力，如涉及维修的专用工具（如空调专业维修、木工专业维修等）或属于专业部门管理维护的（高压电缆故障、变压器等）等要尽快向机电维修主管和客户服务中心报告，同有关专业部门联系，并同时做好准备工作，将问题记录详细，以便为专业部门提供参考，使故障早日排除。

> **❓ 小提示**
>
> 机电维修部人员除上述直接为客户服务时需达到的服务规范外，在间接方面应定期对泵房、卫视房、配电间、电梯、消防设施进行定期巡视，并做好记录，以保证不断电、不停水、不停梯，让客户感觉到物业管理的星级服务水平。

（六）使用不当或人为损坏的报修处理

（1）公司各部门员工在小区巡视检查过程中，如果发现各种使用不当或人为原因而造成公用设备（设施）或者是共用部位的损坏时，应及时通知机电维修部，制止并将肇事者及其肇事工具送至机电维修部处理，同时记录肇事人的姓名及住址。

（2）机电维修部在接到通知后，立即组织责任机电人员到现场确认后（原则上不超过5分钟），如果公用设备（设施）或公用部位并没有造成损伤（指金额在50元以内的可修复损坏），则要求肇事者在指定的期限内恢复原状。如果造成经济损失，并破坏了公用设备（设施）或公用部位，则要求肇事者与机电维修部签署"修缮责任承担书"。

修缮责任承担书的签署要领如图3-16所示。

（七）维修注意事项

（1）维修人员接到客户报修工作后应在最短时间内准备好工具和材料前往客户处进行维修，如手头工作紧，且又为必须先做之事，应先进行安抚。

（2）首先确定故障部位和原因，根据实际情况考虑处理办法，保证故障及时彻底解决。

（3）维修员进行客户家庭安装、维修时，要自觉维护公司及客户的权益，不做损害公司名誉的事；不能不懂装懂，遇到疑难问题要如实、详细地汇报给机电维修组长或机电维修部主管，请求支援解决。

要领一	机电人员将时间、地点、损坏事件详细地填写在"修缮责任承担书"相应栏目内（必要时可另附损坏说明材料和图片）
要领二	肇事者需认真填写姓名、身份证号码、联络电话、联络地址并交纳足够的保证金。按照"修缮责任承担书"中的两种处理方式选择一种在指定期限内修复
要领三	机电维修部最后应确认并填写修复期限、余额发还、签署日期、保证金额及临时收条编号等相应栏目，在修复验收满意后，如数退还保证金
要领四	肇事者在期限内如未能完成修复复原工作或修复不到位，机电维修部应动用保证金进行修复复原

图3-16　修缮责任承担书的签署要领

（4）维修员进行客户家庭维修时应征询客户意见，尽量恢复维修前的原貌原样，如有改动应征得客户的同意方可进行。如果不能满足客户的要求，则应向客户解释清楚并表示歉意，尽量取得客户的谅解。

（5）维修员进行客户家庭安装、维修前，首先应设计好方案或者进行仔细检测、判断出关联部位（器材）。严禁盲目安装或乱拆乱换，以免造成不必要的返工或引起客户投诉。

（6）维修员接到客户家庭安装、维修通知单后，应在15分钟内准备好安装、维修所需主要材料、辅助材料、施工工具及清洁用品（塑料袋、干净抹布等），按与客户约定的时间提前5分钟赶到（特殊情况除外）。

（7）公共场所及收楼遗留的水电安装/维修项目可按上述程序要点实施。

四、供（停）电管理规范与标准

（一）一般供电

（1）客户在办理入住手续时，由客户服务中心收取电费周转金，并开通客户用电，将水电气原始读数抄录在"房屋交接书"内并经客户本人签字确认。

（2）如客户提出超出物业原设计容量的供电要求应填写"供（停）水（电）申请表"并送交客户服务中心。

（3）客户服务中心在接表后1小时内，根据原设计容量签署意见，提交机电维修部主管。

（4）机电维修部主管在接表后2个小时内进行审批，并提出可行性操作方案和费用预算后，交机电维修部经理或客服经理。

（5）机电维修部经理或客服经理在一个工作日内审批完机电维修部主管交来的供电申请。

（6）客户服务中心负责收取增容费和工程费用，将电表原始读数抄录在"维修/服务单"内并经客户本人签字确认后，将"维修/服务单"转送至机电维修部主管。

（7）机电维修部主管按要求组织实施，并在完成增容后客户现场验收并征求意见。

（8）客户服务中心负责对增容工作进行100%回访并记录在"维修/服务单"。

（二）客户申请停电

客户提出申请，填写"供（停）水（电）申请表"，客户服务中心确认停电申请人身份，后将"供（停）水（电）申请表"转送至机电维修部主管，由机电维修部主管确认停电日期并办理停电。

（三）计划内停电

（1）机电维修部通过接收供电部门"停电通知"、查阅媒体通知、定期与供电部门沟通（采用每日夜间与供电部门值班员电话联系、定期工作拜访等）方式接收并确认停电信息，并将其填写在"月度停水电登记表"内（如接收有书面通知应保存、媒体通知应剪辑保留），填写"内部通启"经机电维修部主管批准后立即通启客户服务中心主管。

（2）客户服务中心主管接到停电的"内部通启"后，立即拟稿打印成"暂停电力供应通知"，经机电维修部经理或客服经理签字后按公开性文件要求张贴在辖区告示栏明显处。

（3）如接到停电的时间已较为紧迫（一般定义在4小时以内），按以上正常情况程序办理将不能及时通启给客户的，在立即向工程经理或项目汇报的同时，立即启动突发事件紧急通知客户系统。

（四）突发性停电

（1）当班机电人员应立即通知值班总经理、客户服务中心和指挥中心工作人员及其他相关人员。

（2）值班总经理和当班机电人员应立即向有关供电部门查询停电原因，并将了解到的消息及时通报相关部门和人员，并不断督促供电部门尽快恢复。

（3）客户服务中心（正常工作时间）、指挥中心及时回复客户有关停电情况的咨询和安抚工作。

（4）指挥中心应将事先准备的电筒和其他照明物品及时启用，必要时应要求物管员关闭大门，加派值班人员，在夜间还应提醒客户注意防火安全。

（5）辖区发生突发性区域停电时，由机电人员立即查明停电范围及原因，并将结果报总经理和部门负责人，同时提出处理方案及措施，以最短时间恢复供电。

（6）查明停电原因后，及时启动备用发电机。发电机只供项目公共区域的电梯、二次供水、消防设施、监控系统和部分商家应急用电。

（五）内部临时性停电

（1）因客户和使用人报修等原因停电权限在10户之内的，由责任机电工分别通知相关客户，请其做好准备。

（2）如果停电在10户与30户之间，则事先通知客户服务中心主管，说明停电的范围、时间和原因，以便物管员通过电话等方式给客户进行解释。

（3）超过30户以上临时性停电，按突发性停电处理。

（六）针对客户违例的停/供电

（1）发生客户违例事件时，认为需对违例客户采取停/供电措施的，根据机电维修部经理或项目经理的指示，填写"供（停）水（电）申请表"，并注明停/供电原因提交机电维修部经理或项目经理。

（2）机电维修部经理或项目经理审阅并签署意见后提交公司分管总经理审批。

（3）公司分管总经理批准后的"供（停）水（电）申请表"由机电维修部执行。

（七）停电后供电

（1）由客户服务中心或客户填写"供（停）水（电）申请表"。

（2）由机电维修部经理或项目经理审批"供（停）水（电）申请表"。

（3）机电维修部执行供电。

（4）财务人员录入电脑并保存。

（八）恢复供电

恢复供电后，将单元及告示牌上的停电通知及时取下。

五、给排水设备（设施）维保服务

（一）巡检

当班机电人员每班至少对其负责的设备设施进行一次检查，了解其工作情况，一旦发现问题，及时维修解决，包括以下内容：

（1）各上下水井口（包括阀门井和下水井）封闭是否严实，需防止杂物落入井中。

（2）雨水井及其附件有无石灰、沙子、碎砖、碎石等建筑材料，防止它们被雨水冲入管道而造成管道堵塞。

（3）楼板、墙壁、地面等处有无滴水、积水等异常现象，发现管道有滴漏部位及时修理。

（4）重点检查厕所、厨房和盥洗室。看地面是否干净，地漏附近有无污物，洁具是否经常冲洗。管道是否刷防腐涂料。水箱、脸盆、水嘴是否安稳好用，有无漏水现象。

（5）暴露在外的管道及设备，须定期检查，涂刷防腐涂料。

（6）每年对使用设备进行一次使用试验（如控制阀门每年至少进行一次开关试验，防止启动时打不开或关不紧等）。

（7）室外管道、水表、阀门、消火栓等需定期刷油漆，减少锈蚀。在冬天来临之前，为防止管道冻裂，还须做好保温防冻工作。

（8）定期检查消火栓、消防泵、喷淋泵、水龙带、消防接口、水枪、灭火器等设备。消防泵、喷淋泵每两年试运行一次。水龙带、消防接口、按钮应定期试验检查，防止老化、霉变、失效并应及时更换。

（二）保养

（1）按"设备检查保养计划表"要求进行维修保养。

（2）根据给排水设备的实际使用情况，有关技术资料，国家有关法规，确定设备的大修、中修周期。

（3）每月消防泵试运转。

（三）水泵房管理

（1）非工作人员进入水泵房须经机电维修主管或机电维修部经理或客户服务中心经理批准后，由当班机电人员陪同，方可进入。

（2）水泵房内设备由当班机电人员负责操作，并在"水泵运行日检查表"中做好运行记录，其他人不得擅自操作。

（3）保持良好通风及照明，门窗开启灵活无破损。

（4）不得擅自改动机房线路、器材，若需改动，须经公司领导同意后，方可进行。

（5）消防设施完好，相关制度上墙，禁止吸烟。

（6）保持机房干净整洁无积尘，不得堆放杂物。

（7）相关记录有"水泵运行日检查表""地下水池保养检查表""立管检查表""潜水泵保养检查表"。

（四）二次供水管理的要求

给排水工作人员负责水池（箱）的管理，要求每个水池（箱）（包括地下、楼顶）须结构完整，加盖、加锁，水口干净，并申办二次供水卫生合格证；新建、扩建二次供水设施，须经供水管理机构和卫生防疫机构进行设计审定和工程验收。每年至少两次水池（箱）进行清洗及消毒。进行清洗及消毒的步骤如表3-4所示。

表3-4　水池清洗及消毒的步骤

序号	步骤	具体说明
1	通知	机电维修部在每次水池（箱）清洗消毒计划实施前一天请客户服务中心张贴停水通知
2	放水	为确保用户的正常用水，放水时间必须提前到清洗、消毒水池（箱）的前3小时，并在"水池（箱）清洗及消毒记录表"中记录开始放水时间和结束时间
3	清洗消毒	通过对外委托方进行，根据双方签订的协议，工作程序和施工安全由对外委托方负责，保证清洗后的水质达到国家卫生标准，并向管理处提供清洗后水质的国家卫生防疫机构的检测报告
4	注水	在清洗工作结束后，开闸向水池（箱）注水，以达到标定水位高度，并加盖加锁
5	记录和报告	由机电维修主管负责安排整个清洗消毒工作的协调配合，并负责记录清洗、消毒工作的全过程监控；卫生防疫站的"卫生检测结果报告单""水池（箱）清洗检测报告单"，原件交由企业管理部存档备查

（五）消防系统检查保养

消防系统检查保养要求如表3-5所示。

表3-5　消防系统检查保养要求

频率	要求	内容
每天至少一次	维修人员对消防系统进行巡查，并填写"值班记录"，以了解设备运行情况	（1）喷淋头有无漏水，自动与手动报警器有无遗失，消火栓内水带水枪是否缺少 （2）防水箱内是否有充足的消防备用水，开关是否处于打开位置 （3）水泵电控箱电压是否正常，指示为多少 （4）观察各压力表的指示，并做比较看是否正常 （5）控制中心正常与否，有无异常报警等 （6）干粉灭火器数量、是否使用及使用数量
每月	由维修班与秩序维护部一起对消防系统进行一次全面检查	（1）观察火灾报警器（包括区域报警器或楼层显示）和联运控制装置，各种显示是否正常，时钟是否正确 （2）火灾报警器和联动装置的各种功能是否正常，如主备电转换、自检、消声、复位、查容量、探头、屏蔽、开启、对讲等 （3）模拟火灾响应和故障报警试验，查一个防火区，查探测和手动按钮 （4）消防通信检查，检查通话是否清晰、准确 （5）检查水系统压力表是否正常 （6）检查阀门有无跑、冒、漏、滴的现象 （7）开启一个末端试水阀放水，检查水流指示器、压力开关、水力警铃是否正常 （8）消防控制室报警显示是否正常 （9）防火分隔现场控制按钮及遮拦是否完好 （10）防火分隔手动和现场电动开启卷帘门，观察设备运行情况，门有无卡、碰、擦情况，延时限位是否正常，电动机运行有无异常 （11）排烟、送风道有无锈蚀、损坏、阻挡现象，风机能否正常工作

续表

频率	要求	内容
定期检查：季检、年检	由机电维修部组织进行季检、年检，并填写"设备设施季度检查评分表"	除进行以上检查外，还应检查如下内容： （1）启动消防水泵、排烟风机、正压风机，观察设备运行是否正常，各阀门启闭是否灵活，电控箱及消防联运控制台的各种显示是否正常 （2）备用设备自动投入功能试验，检查是否正常 （3）输入电源为双电源时，还应进行该功能检查 （4）火灾事故广播检查：检查选层广播切换功能，检查喇叭强行切换功能、备用功放转换功能是否正常，有无不响的喇叭 （5）检查声光讯响器有无不响不亮的现象 （6）消火栓放水试验，检查各阀门启闭是否正常，测试出水水压是否符合要求 （7）联运控制台功能是否正常 （8）消火栓泵、自动喷淋泵在联控台上显示是否正确，在各控制启动处，能否正常启动 （9）防火卷帘门手动和联运试验、检查其控制功能、延时、反馈、信号开启是否正常 （10）通风、空调防排烟设备联动控制检查，分别进行手动和联动试验，其联动逻辑关系和功能应符合要求 （11）消防电梯及其他联动设备均要求进行手动和联运控制检查，其功能和显示应符合要求 （12）普查水系统各阀门位置是否正常，有无锈蚀和卡死 （13）检查自动喷淋系统末端试水阀和消火栓箱阀，排放污水，冲洗管道 （14）水泵、风机及管道、阀门、防火卷帘门等应进行全面检查、维护、保养 （15）加装灭火器内干粉等

六、供（停）水服务规范与标准

（一）一般供水

一般供水的处理要点如下：

（1）客户在办理入住手续时，由客户服务中心收取水费周转金，并开通客户用电，将水表原始读数抄录在"楼宇交接书"内并经客户本人签字确认。

（2）如客户提出超出物业原设计容量的供水要求应填写"供（停）水（电）申请表"送交客户服务中心。

（3）客户服务中心在接表后1小时内，根据原设计容量签署意见，提交机电维修部主管。

（4）机电维修部主管在接表后2个小时内进行审批，并提出可行性操作方案和费用预算后，交机电维修部经理或客户服务中心经理。

（5）机电维修部经理或客户服务中心经理在一个工作日内审批完机电维修部主管交来的供水申请。

（6）客户服务中心负责收取增容费和工程费用，将水表原始读数抄录在"维修/服务单"内并经客户本人签字确认后，将"维修/服务单"转送至机电维修主管。

（7）机电维修主管按要求组织实施，并在完成增容后客户现场验收并征求意见。

（8）客户服务中心负责对增容工作进行100%回访并记录在"维修/服务单"。

（二）客户申请停水

客户提出申请，填写"供（停）水（电）申请表"，客户服务中心确认停水申请人身份，后将"供（停）水（电）申请表"转送至机电维修主管，由机电维修主管确认停水日期并办理停电。

（三）计划内停水

（1）机电维修部通过接收供水部门"停水通知"、查阅媒体通知、定期与供水部门沟通（采用每日夜间与供水部门值班员电话联系、定期工作拜访等）方式接收并确认停水信息，并将其填写在"月度停水电登记表"内（如接收有书面通知应保存、媒体通知应剪辑保留），填写"内部通启"经机电维修主管批准后立即通启客户服务中心主管。

客户服务中心主管接到停水的"内部通启"后，立即拟稿打印成"暂停水供应"，经机电维修部经理或小区主任签字后按公开性文件要求张贴在辖区告示栏明显处。

（2）如接到停水的时间已较为紧迫（一般定义在4小时以内），按以上正常情况程序办理将不能及时通启给客户的，在立即向机电维修部经理或小区主任汇报的同时，立即启动突发事件紧急通知客户系统。

（四）突发性停水

当小区发生突然性停水时，按图3-17所示步骤进行处理。

（五）内部临时性停水

（1）因客户和使用人报修等原因停水权限在10户之内的，由责任水暖工分别告诉相关客户，请其做好准备。

（2）如果停水在10户与30户之间，则事先通知客户服务中心主管，说明停水的范围、时间和原因，以便物管员通过电话等方式给客户进行解释。

（3）超过30户以上临时性停水，按突发性停水处理。

（六）针对客户违例的停/供水

（1）发生客户违例事件时，认为需对违例客户采取停/供水措施的，根据维修部经理或小区主任的指示，填写"供（停）水（电）申请表"，并注明停/供水原因提交维修部经理或客户服务中心经理。

步骤一 当班机电人员应立即通知值班总经理、客户服务中心和指挥中心工作人员及其他相关人员

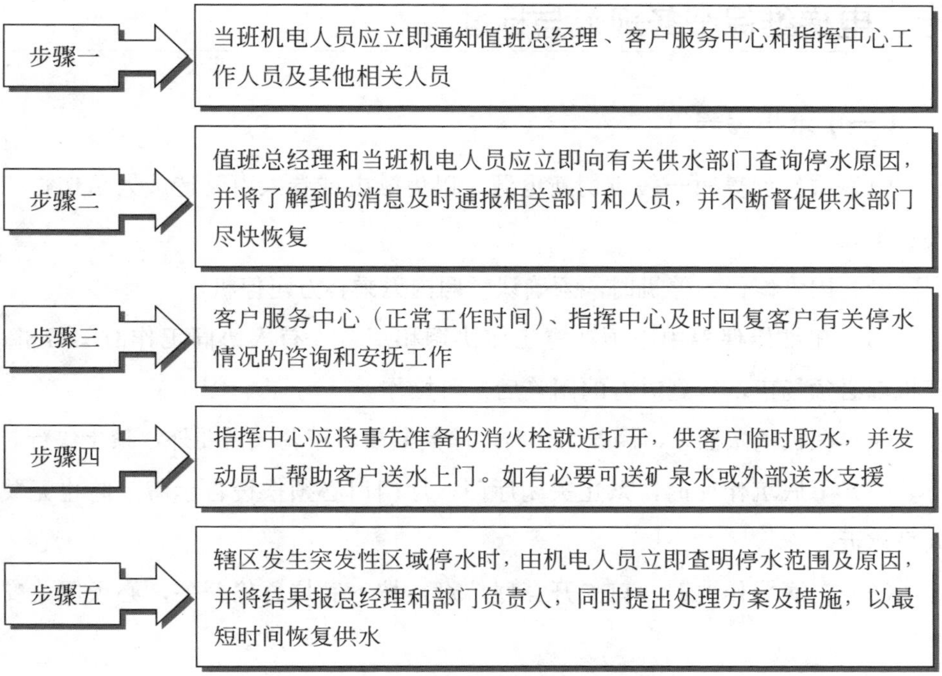

 步骤二 值班总经理和当班机电人员应立即向有关供水部门查询停水原因，并将了解到的消息及时通报相关部门和人员，并不断督促供水部门尽快恢复

 **步骤三** 客户服务中心（正常工作时间）、指挥中心及时回复客户有关停水情况的咨询和安抚工作

 步骤四 指挥中心应将事先准备的消火栓就近打开，供客户临时取水，并发动员工帮助客户送水上门。如有必要可送矿泉水或外部送水支援

 **步骤五** 辖区发生突发性区域停水时，由机电人员立即查明停水范围及原因，并将结果报总经理和部门负责人，同时提出处理方案及措施，以最短时间恢复供水

图3-17 突然性停水时的处理步骤

（2）维修部经理或客户服务中心经理审阅并签署意见后提交公司分管总经理审批。

（3）公司分管总经理批准后的停/供水申请由维修部执行。

（七）停水后供水

（1）由客户服务中心或客户填写供水申请单。

（2）由维修部经理或客户服务中心经理审批供水申请表。

（3）维修部执行供水。

❓ 小提示

恢复供水后，将单元及告示牌上的停水通知及时取下。

七、电梯维保服务规范与标准

（一）维护保养

（1）维修保养时一般应切断电源，以免触电或卷入引轮造成人员伤亡和设备事故。

（2）因维修保养停机时，须确认轿厢内无乘客方可停机。

（3）在维修保养中必须注意工作协调和配合，有人协同工作时，行机、停机都必须扬声，得到对方的回答后方可操作。

（4）在机顶做检修、保养工作时，除判断故障和调试需要外，禁止快行。

（5）下底坑作业时，禁止关闭厅门，厅门口必须摆设告示牌，防止无关人员靠近。

（6）在底坑作业时，首先开亮底坑灯，按下底坑急停开关，必须佩戴安全帽。

（7）机房、井道、底坑因工作需要进行动火作业时，必须遵守消防工作规程，指定专人监视，事后清理火种，防止火灾发生。维修保养结束后，必须认真清理现场，清点工具和物品。

（8）电梯清洁卫生职责划分如表3-6所示。

表3-6　电梯清洁卫生职责

序号	项目	责任人	时间	相关记录
1	电梯机房	电梯维修人员	一周	电梯检查保养表
2	轿厢内面、地坎及厅门	清洁工	每班	电梯检查保养表
3	井道	电梯维修人员	二周	电梯检查保养表

（二）电梯困人故障的救援步骤

（1）切断电梯机房总电源，并挂上"正在维修"的标示牌。

（2）检查电梯机房内情况是否一切正常。

（3）机房必须有足够的照明，查看钢丝绳上的楼层标记，确定停放的位置。

（4）如果轿厢停于接近厅门位置，且高于或低于楼面不超过100毫米：

① 用专用厅门钥匙开启厅门；

② 轿顶用人力开启轿厢门；

③ 协助乘客离开轿厢；

④ 重新将厅门、轿门关妥。

（5）如果轿厢停于远离层门位置时，应先将轿厢移至楼层门，然后按图3-18所述步骤救出乘客。

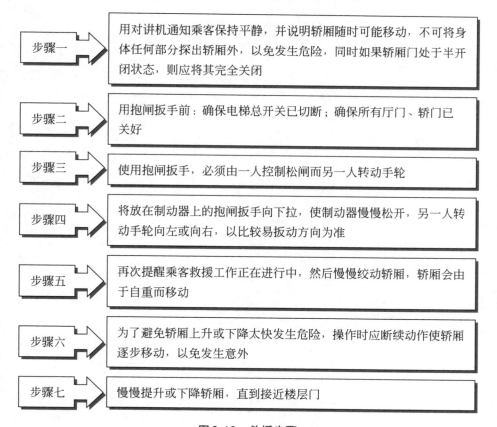

图3-18　救援步骤

（6）使用厅门钥匙开启前，必须确保轿厢地坎与厅门地坎相差小于100毫米才能让乘客离开轿厢。

（7）当所有乘客离开电梯后必须把厅门、轿门关好。

❓ **小提示**

操作时应注意：如果轿厢停于最上层厅门以上或最下层厅门以下，不可只撬开制动器令轿厢自由移动，而应在撬开制动器的同时把持紧手轮，并用人力扳绞，使轿厢向正确方向移动。

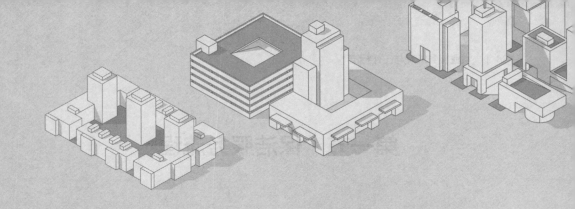

第四章

Chapter four

保洁服务

　　如今的"保洁服务"，有了现代化的清洁设备，有了经过专业培训的保洁员，他们身穿统一的制服，用规范的服务和得体的行为举止得到了业主（用户）的认可，已成为现代物业管理的重要内容。

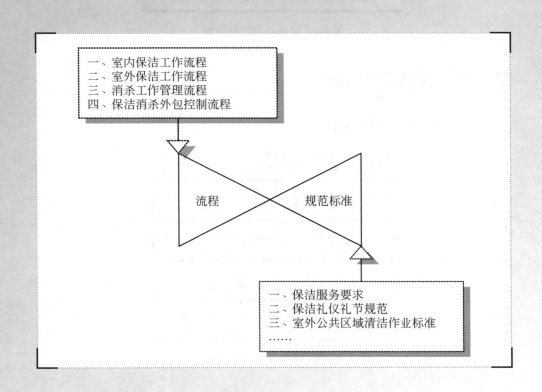

一、室内保洁工作流程
二、室外保洁工作流程
三、消杀工作管理流程
四、保洁消杀外包控制流程

流程　　　　规范标准

一、保洁服务要求
二、保洁礼仪礼节规范
三、室外公共区域清洁作业标准
……

第一节 保洁服务流程

一、室内保洁工作流程

室内保洁工作流程如图4-1所示。

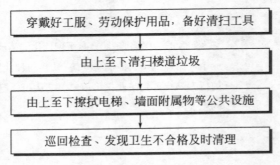

图4-1 室内保洁工作流程

二、室外保洁工作流程

室外保洁工作流程如图4-2所示。

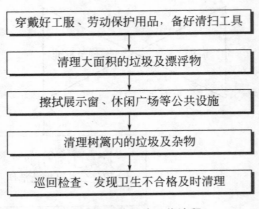

图4-2 室外保洁工作流程

三、消杀工作管理流程

消杀工作管理流程如图4-3所示。

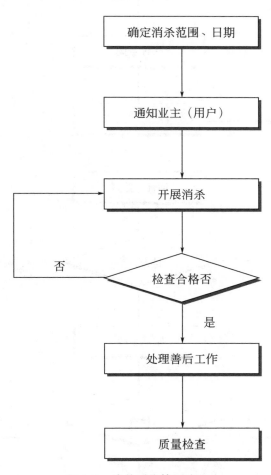

图4-3　消杀工作管理流程

四、保洁消杀外包控制流程

保洁消杀外包控制流程如图4-4所示。

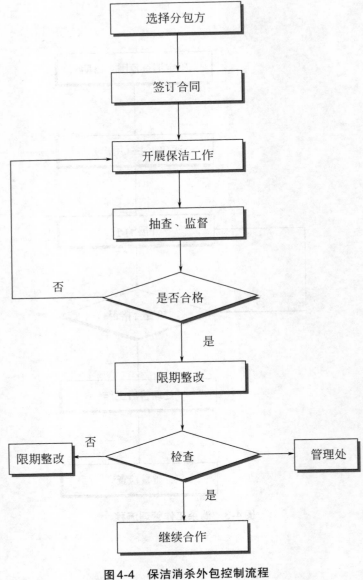

图4-4 保洁消杀外包控制流程

第二节　保洁服务规范与标准

一、保洁服务要求

（一）清洁和保洁服务要求

（1）所有清洁和保洁服务人员在日常服务中应严格按照公司规定的服务人员公共礼仪要求，进行相应的着装、仪容修饰、行为规范和语言规范。

（2）服务区域整体感觉：整洁、明净、有序、有品位。

（二）消杀服务要求

1.消杀的总体结果要求

（1）保证小区无鼠迹。

（2）保证目视无蚊虫。

（3）保证目视无蝇害。

（4）药物使用正确，不出现人畜中毒现象。

2.消杀服务具体要求

消杀服务具体要求如表4-1所示。

表4-1　消杀服务具体要求

序号	类别	要求
1	老鼠	常年摆放灭鼠设施，至少每季投诱饵1次，楼道、绿化带无鼠洞以及无明显鼠迹
2	蟑螂	春夏季节至少每月消杀一次，秋冬季节至少每季消杀一次，楼道、外围、食堂、垃圾桶处无明显蟑螂活动
3	蚊子	春夏季节至少每周消杀一次，秋冬季节至少每月消杀一次，目视辖区内无明显蚊虫

续表

序号	类别	要求
4	苍蝇	春夏季节至少每周消杀一次，秋冬季节至少每月消杀一次，目视辖区内无苍蝇
5	白蚁	对有白蚁出现的区域联系专业防治白蚁公司进行防治，目视辖区内无白蚁，三个月内未发现蚁迹

二、保洁礼仪礼节规范

保洁员礼仪礼节规范如表4-2所示。

表4-2　保洁员礼仪礼节规范

序号	项目	规范礼仪礼节
1	仪容仪表	1.时刻保持良好的精神状态，保持仪容仪表整齐 2.注意保持个人卫生，身体不得有汗味等异味 3.保洁制服清洁整齐，皮鞋光亮、布鞋无尘，工牌佩戴规范
2	礼仪礼貌	1.员工在工作中，无论接待用户还是与内部员工，必须态度友好，以礼待人 2.与用户相遇时，须让用户先行，不得抢行 3.不得乘坐客梯，清洁电梯时如遇用户乘梯，应立即离梯 4.听到用户提出批评或建议时，要虚心接受、不辩解，冷静对待，并及时上报上级领导 5.遇到用户询问，做到有问必答，不能说"不知道""不会""不管""不明白""不行""不懂"等，须向用户说明，请其向物业公司客户服务中心询问，不得默不作声 6.遇办公室电话铃响，应立即接听，铃响不得超过三声。接听电话，应先说"您好！保洁公司"，然后细心聆听，并转告相关人员或立即进行相应的清洁工作 7.遇用户时，须主动问好，不得视而不见 8.与用户交谈时，须注意声音适中，不得大声喧哗

续表

序号	项目	规范礼仪礼节
3	礼貌用语	1.您好！ 2.早晨好！ 3.对不起，现在卫生间正在清洁（维修）中，暂不能使用，请您稍候（或到其他楼层），谢谢您。 4.小心地滑，请留心！ 5.××在这边，请您这边走！ 6.电梯来了，您请进！ 7.不客气。 8.您走好，再见！ 9.对不起，请问现在可以为您做清洁吗？ 10.抱歉，请您与物业公司客户服务中心咨询。 11.没问题，我马上帮您把这儿清理干净。 12.您好，需要帮助吗？

三、室外公共区域清洁作业标准

（一）道路的清洁、保洁

1.作业要求

（1）每天对小区的道路、两侧人行道定时清扫。

（2）对主干路段除定时清扫外，应安排固定人员巡回保洁。

（3）巡回保洁的路线拟定不要太长，往返时间以1小时以内为宜。

（4）下雨天应及时清扫路面，确保路面无积水。

（5）旱季时每月冲洗一次路面，雨季每半月冲洗一次。

（6）发现路面有油污应即时用清洁剂清洁。

（7）用铲刀清除粘在地面上的口香糖等杂物。

2.道路的清洁标准

（1）目视地面无杂物、积水，无明显污渍、泥沙。

（2）道路、人行道无污渍。

（3）行人路面干净无浮尘，无杂物、垃圾和痰渍。

（4）路面垃圾滞留时间不能超过1小时。

进行户外清洁如图4-5所示。

图4-5　进行户外清洁

（二）街心花园、广场的清洁、保洁

1.作业要求

（1）花园、广场应有专人负责循环清洁、保洁。

（2）清扫广场花园里的浮尘、果皮、树叶及纸屑、烟头等垃圾。

（3）及时清除地面的油污渍、粘附物。

（4）每天擦拭一次花园的花坛、雕塑等。

（5）发现水池内有垃圾应马上捞起。

（6）每月冲洗一次街心花园，旱季冲洗时间可缩短至10天一次。

（7）每月用清洁剂对地面污迹做全面清洁一次。

2.广场、花园的保洁标准

（1）地面洁净无积尘、无污渍、无垃圾。

（2）花坛外表洁净无污渍。

（3）广场、花园里的垃圾滞留时间不能超过1小时。

（三）绿化带的清洁

1. 作业要求

（1）用扫把仔细清扫草地、绿化带上的果皮、纸屑、石块、树叶等垃圾。

（2）对烟头、棉签等不能用扫把打扫起来的小杂物，应捡起放在垃圾畚斗内。

（3）每天清洁绿化带两次，秋冬季节或落叶较多时应增加清洁次数。

（4）每天擦拭一次花池立面、平面，确保外观洁净。

2. 绿化带的清洁标准

（1）目视绿化带无明显垃圾、落叶。

（2）每100平方米范围烟头控制在1个以内。

（3）花坛外表洁净无污渍。

（四）地下管井的疏通

1. 季度清理

每季度对地下管井按以下程序清理一次：

（1）用铁钩打开井盖。

（2）用捞筛捞起井内的悬浮物。

（3）清除井内的沉沙，用铁铲把粘在井内壁的杂物清理干净。

（4）清理完毕盖好井盖。

（5）用水冲洗地面。

2. 年度疏通

每年按以下程序对地下管道彻底疏通一次：

（1）打开井盖后，用长竹片捅捣管内的粘附物。

（2）用压力水枪冲刷管道内壁。

（3）清理管道的垃圾。

（4）清理完毕必须盖好井盖。

（5）用水冲洗地面。

3.作业的注意事项

（1）掀开井盖后，地面要竖警示牌，必要时加围栏，并有专人负责监护以防行人跌入。

（2）作业时，应穿连身衣裤、戴胶手套。

（3）必须有两人以上同时作业。

4.地下管井清洁标准

（1）目视管道内壁无粘附物，井底无沉淀物。

（2）水流畅通，井盖上无污渍、污物。

（五）游乐设施的清洁

1.每天的保洁要领

转椅、滑梯等儿童游乐设施应每天按以下要求保洁一次：

（1）用抹布擦拭娱乐设施表面灰尘。

（2）用清洁剂擦拭污渍后用水清洗干净，再用干布抹干。

（3）清扫游乐场内及周围的纸屑、果皮、树叶等垃圾。

（4）擦拭附近的石椅石凳。

2.注意事项

（1）在擦拭儿童娱乐设施时，发现设备设施脱焊、断裂、脱漆或有安全隐患时，应及时汇报小区物业部。

（2）发现娱乐的人员特别是小孩未按规定使用游乐设施时，应予以制止、纠正。

3.娱乐设施清洁标准

（1）娱乐设施表面干净光亮，无灰尘、污渍、锈迹。

（2）目视游乐场周围整洁干净、无果皮、纸屑等垃圾。

（六）路灯的保洁

1.清洁要求

（1）路灯应每月保洁一次。

（2）路灯的保洁应在白天灭灯断电时进行，作业前保洁班长应通报小区物业部，由物业部统一安排通知工程人员断开电源。

（3）路灯保洁方法具体依照"玻璃清洁操作流程""灯具清洁操作流程"操作。

2.注意事项

（1）路灯保洁因需踩梯工作，必须两人同时作业（一人扶梯）。

（2）擦拭灯罩时，应注意力度，以免用力过猛导致灯罩破裂；发现灯罩有裂纹或其他安全隐患时，应及时汇报保洁班长。

（七）雕塑装饰物、标志、宣传牌的清洁

1.雕塑装饰物的清洁要求

（1）备长柄扫把、抹布、清洁剂、梯子等工具。

（2）先用扫把打扫装饰物上的灰尘，再用湿抹布从上往下擦抹一遍。

（3）有污迹时应用清洁剂涂在污迹处，用抹布擦拭，然后用水清洗干净。

2.宣传标志牌的清洁要求

（1）有广告纸时应先撕下纸后再用湿抹布由上往下擦抹，然后用干布抹干净，如有污迹应用清洁剂进行清洗。

（2）宣传牌、标志牌等应每天擦拭一遍。

3.清洁时的注意事项

（1）梯子放平稳，人不能爬上装饰物以防摔伤。

（2）保洁工具不要损伤到被清洁物。

（3）清洁后检查应无污渍、无积尘。

（八）天台和雨篷的清洁

1.清洁作业

准备好梯子、编织袋、扫把、垃圾铲、铁杆等工具，并按以下程序操作。

（1）将梯子放稳，人沿梯子爬上雨篷，先将雨篷或天台的垃圾清理装入编织袋。

（2）将垃圾袋提下并将垃圾倒入垃圾车内，将较大的杂物一并搬运上垃圾车。

（3）用铁杆将雨篷、天台上排水口（管）疏通积水。

（4）天台、雨篷每季度清扫一次。

2.注意事项

清洁时应注意：

（1）保洁员上下梯时应注意安全，必须有两人同时操作，防止摔伤。

（2）杂物、垃圾袋和工具不要往下丢，以免砸伤行人、损坏工具。

（3）清扫时应避开人员出入频繁的时间。

3.清洁标准

应达到目视天台、雨篷无垃圾、杂物，无积水、青苔。

（九）垃圾筒、果皮箱的清洁

1.清洁作业

（1）垃圾筒、果皮箱应每天清运一次。

（2）垃圾筒、果皮箱每周清洗一次，遇特殊情况应增加清洗次数。

（3）清洗垃圾筒、果皮箱时不能影响业主使用。

（4）清洗前应先倒净垃圾筒、果皮箱内的垃圾，除去垃圾袋，并集中运到指定的地方清洗。

（5）先将垃圾筒、果皮箱的表面冲洗一遍，然后用清洁剂反复擦拭。

（6）将油渍、污渍洗干净后，用清水冲洗干净，用布抹干。

（7）清洗完毕应及时将垃圾筒、果皮箱运回原处，并套好垃圾袋。

2.清洁标准

（1）目视垃圾筒、果皮箱无污迹、无油迹。

（2）垃圾筒、果皮箱周围无积水。

（十）排水沟的清洁

1.清洁作业

排水沟的清洁应按以下要求每周进行一次：

（1）用扫把清扫排水沟里的泥沙、纸屑等垃圾。

（2）拔除沟里生长的杂草，保证排水沟的畅通。

（3）用水冲洗排水沟，发现沟边有不干净的地方应用铲刀铲除。

2.清洁标准

应达到目视干净无污迹，无青苔、杂草，排水畅通无堵塞、无积水、无臭味。

（十一）监控探头的清洁

1.清洁作业

监控探头按以下要求每周擦拭一次：

（1）用镜头专用纸擦拭探头镜片。

（2）用微湿的毛巾擦拭探头的外表。

2.注意事项

擦拭探头的玻璃镜片时必须使用镜头擦纸，以免有毛尘或刮伤镜面。

3.清洁标准

清洁后应达到镜头光亮洁净、探头外表干净无灰尘。

四、垃圾收集与处理标准

（一）工程垃圾的回收

（1）瓦砾、碎砖、灰渣等坚硬的工程垃圾应运送到小区指定地点倒放，禁止倒在垃圾中转站内。

（2）路面灰尘、泥沙等粉尘状垃圾在运送途中应加以遮挡，防止垃圾掉落或飞扬引起二次污染。该类垃圾一定要倾倒在小区内指定地点，禁止倒入垃圾中转站。

（3）废弃的油漆等流质性垃圾在运送途中要注意容器的封闭，防止溢流污染路面。

（4）有回收利用价值的垃圾要拣出分类单独存放一处。

（二）生活垃圾的收集与处理

1.梯间垃圾

梯间保洁员在清洁梯间时，少量的垃圾可倒入门口的垃圾箱内，量大的垃圾应直接运送到小区内的垃圾中转站内。

2.路面垃圾

路面保洁员在清洁路面时，应将收集的少量垃圾直接倒入附近的垃圾筒内，但在下列情况下，禁止直接倒入垃圾筒内：

（1）没有容器盛装的流质垃圾。

（2）业主丢弃的大件垃圾。

（3）一次能把垃圾筒装满的垃圾。

（4）清洁沙井内的垃圾。

（5）其他不宜装进垃圾筒内的垃圾。

（三）垃圾筒的清理

（1）保洁班长应安排固定人员专门回收运送垃圾筒内的垃圾。

（2）固定垃圾运送人员应巡回收取垃圾筒内的垃圾，保证垃圾筒内呈半空状态，方便业主使用。

（3）将垃圾运送到垃圾中转站存放。

（4）有回收利用价值的垃圾应拣出分类存放。

（5）用水清洗垃圾筒，清洗干净后用抹布擦干垃圾筒的外表面。

（6）及时将清洁完的垃圾筒摆放回指定地点。

（四）有回收利用价值垃圾的处理

（1）垃圾运送人员对有回收价值的垃圾应及时拣出并分类存放。

（2）将回收存放的有价值垃圾汇总存放后应及时出售一次。

（3）出售回收垃圾时，垃圾中转站当值保洁员、保洁班长和管理人员应同时到场。

（4）所得款项由内勤直接收取，并办理好相关手续。

（五）垃圾中转站的垃圾处理

1.处理要求

（1）垃圾中转站应设置在不影响小区环境的地方。

（2）垃圾中转站的垃圾应每天清运一次，期间如垃圾较多影响垃圾存放时，保洁班长应及时安排清运。

（3）垃圾运送人员应负责垃圾中转站周围的卫生，保证垃圾中转站里的垃圾存放整齐，地面无散落的垃圾。

（4）垃圾运送人员负责每天一次清理、冲洗垃圾中转站地面。

（5）每月应对垃圾中转站进行一次消杀工作。

2.垃圾中转站的卫生标准

（1）地面无散落垃圾，无污水、污渍。

（2）墙面无粘附物，无明显污迹。

（3）垃圾做到日产日清。

（4）所有垃圾集中堆放在指定地点，做到合理、卫生，四周无散堆垃圾。

（5）可作废品回收的垃圾应另行存放。

（6）垃圾站应保持清洁无异味，每月定时喷洒药水，防止虫害发生。

（7）按要求做好垃圾袋处理。

五、卫生消杀服务标准

（一）灭蚊、蝇、蟑螂工作

1.消杀时机

一般每年的4～11月份进行灭虫消杀工作。

2.消杀区域

（1）各楼宇的梯口、梯间及楼宇周围。

（2）别墅住宅的四周。

（3）会所及配套的娱乐场所。

（4）各部门办公室。

（5）公厕、沙井、化粪池、垃圾箱、垃圾周转箱等室外公共区域。

（6）员工宿舍和食堂。

3.消杀药物

消杀药物一般用灭害灵气雾剂、菊酯类杀虫剂等。

4.消杀方式

以喷药触杀为主。

5.喷杀操作要点

（1）穿戴好防护衣帽。

（2）将需稀释的喷杀药品按要求进行稀释注入喷雾器里。

（3）对上述区域进行喷杀。

6.注意事项

（1）梯间喷杀时不要将药液喷在扶手或业主的门窗上。

（2）员工宿舍喷杀时不要将药液喷在餐具及生活用品上。

（3）食堂喷杀时不要将药液喷在食品和器具上。

（4）不要在人员出入高峰期喷药。

消杀及放置虫害粘捕器如图4-6、图4-7所示。

图4-6　进行消杀　　　　　　　　图4-7　放置虫害粘捕器

（二）灭鼠

1.灭鼠频率

灭鼠工作每月应进行一次。

2.灭鼠区域

（1）别墅、楼宇四周。

（2）员工宿舍内。

（3）食堂和会所的娱乐配套设施。

（4）小区中常有老鼠出没的区域。

3.灭鼠方法

主要采取投放拌有鼠药的饵料和粘鼠胶。

4.饵料的制作

（1）将米或碾碎的油炸花生米等放一专用容器内。

（2）将鼠药按说明剂量均匀撒在饵料上。

（3）制作饵料时作业人员必须戴上口罩、胶手套，禁止裸手作业。

5.在灭鼠区域投放饵料

（1）先粘一张写有"灭鼠专用"的明显卡片。

（2）将鼠药成堆状放在卡片上。

（3）尽量放在隐蔽处或角落、小孩拿不到的地方。

（4）禁止成片或随意撒放。

投放鼠药必须在保证安全的前提下进行，小区发放通知，及时通知业主，必要时挂上明显的标志，如图4-8所示。

一周后，撤回饵料，期间注意捡拾死鼠，并将数量记录在"环境消杀记录"中。

图4-8　有明确的标识

6.器具、药具管理

消杀作业完毕，应将器具、药具统一清洗保管。

（三）消杀工作标准

（1）检查仓库或地下室，目视无明显蚊虫在飞。

（2）检查营业区域和办公区域，目视无苍蝇滋生地。

（3）检查室内和污水、雨水井，每处蟑螂数不超过3只。

（4）抽检楼道、业主家无明显鼠迹，用布粉法检查老鼠密度，不超过1%，鼠洞每2万平方米不超过1个。

（四）消杀工作的管理与检查

（1）消杀工作前，保洁班长必须详尽地告诉作业人员应注意的安全事项。

（2）保洁班长每次应检查消杀工作的进行情况并将工作情况记录于每天的工作日记中。

（3）保洁班长现场跟踪检查，确保操作正确。

（4）保洁班长应每月汇同有关人员对消杀工作按检验方法和标准进行检查，并填写"环境消杀记录"。上述资料由部门归档保存。

六、特殊环境清洁作业标准

（一）污/雨水井、管道、化粪池堵塞、污水外溢的清洁处理

（1）当接到保洁班长、物业部的指令后，保洁员应带着垃圾车、扫把等工具迅速赶到现场，协助工程人员对堵塞处进行疏通清理。

（2）将从污/雨水井、管道、水池中捞起的污垢、杂物直接装上垃圾车，避免造成第二次污染。

（3）疏通堵塞处后，保洁员应迅速打扫地面被污染处，用接水管或用水桶提水清洗地面，直到目视地面无污物。

（二）暴风雨天气的清洁

1.暴风雨来临前

暴风雨来临前应做好：

（1）保洁班长应巡查，各岗位保洁员的工作及各处设施的排水情况。

（2）班长应派专人检查天台、楼平台的明暗沟渠、地漏口等处排水情况，如有堵塞应及时疏通。

（3）检查污/雨水井有无垃圾杂物，并及时疏通清理。

（4）各岗位保洁员应配合安保员关好各楼层的门窗，防止风雨刮进楼内淋湿墙面、地面及打碎玻璃。

2.暴风雨过后

暴风雨过后要求做好以下工作：

（1）保洁员应及时清扫各责任区内地面上所有垃圾袋、纸屑、树叶、泥土、石子及其他杂物，如图4-9所示。

图4-9 雨后清洁路面树叶、泥沙

（2）发生塌陷或有大量泥土、泥沙冲至路面绿地时，保洁员应协助绿化工及时清运、打扫现场。

（3）保洁员应查看各责任区内污/雨水井、管道排水是否畅通，如发生堵塞外溢应即时报告班长处理。

（三）梅雨季节

梅雨季节大理石瓷砖地面、墙面很容易出现反潮现象，造成地面积水、墙皮剥落、电器感应开关自动导通等现象。发生上述现象时应采取适当方式加以清洁。

（1）在大堂等人员出入频繁的地方放置告示牌，提醒客人注意安全。

（2）保洁班长应现场指导，合理调配人员加快工作速度，及时清干地面、墙面水迹。

（3）如反潮现象比较严重，应在大堂铺设一条防滑地毯，并用大块的海绵吸干地面、墙面、地毯、门下的积水。

（四）楼层内空调水管、给水管的接头发生爆裂，造成楼层浸水时的清洁

（1）迅速关闭水管阀门，并迅速通知安保员和工程人员前来救助。

（2）迅速用扫把扫走流进电梯厅附近的水，控制不了时应将电梯开往上一楼层，通知工程人员关掉电梯。

（3）关掉电源开关后，抢救房间、楼层内的物品，如资料、电脑等。

（4）用垃圾畚斗将水盛到桶内倒掉，将余水扫进地漏，接好电源后再用吸水器吸干地面水分。

（5）打开门窗，并用风扇吹干地面。

（五）户外施工影响环境卫生的清洁

（1）小区设施维修以及供水、供电、煤气管道、通信设施等项目施工中，清洁员应配合做好场地周围的保洁工作。

（2）及时清理业主搬家时遗弃的杂物，并清扫场地。

（3）新入住装修期的清洁，各责任区清洁员应加强保洁，对装修垃圾清运后的场地及时清扫，必要时协助业主或装修队将装修垃圾及时清运。

（六）安全注意事项

（1）暴风暴雨天气时保洁员应注意安全，待暴风雨停后再出来工作，禁

止冒险作业。

（2）雨天作业时宜穿胶鞋不宜穿着塑料硬底鞋，以防滑倒。

（3）处理水管爆裂事故注意防止触电。

七、安全作业操作规程

（一）高空作业安全规程

1. 高空作业前安全检查

（1）员工身体健康，无高血压、心脏病、癫痫病、恐高症病史，视力良好，作业前精神状态良好。情绪正常，无感冒、头晕等不适症状，作业前严禁饮酒，不吃控制性药物等。

（2）服饰要求：裤脚、袖口要扎紧，衣服纽扣完全扣好，手套为五指薄型手套；安全帽为紧口式；不准穿带跟鞋或硬底鞋，必须穿防滑鞋，身上不佩戴钥匙及任何硬物。

（3）安全带是否破损，如有必须更换。

（4）安全带与牢固件的绳结是否有松脱，如有应重新打结。

（5）安全带的结点是否牢固，如不牢固应更换绳索结点。

（6）检查绳索与建筑物接触是否牢固。

（7）检查梯子零件是否有松动，如有应修好再作业。

2. 地面的安全防护

（1）地面应设置行人护栏或警戒线、挂上警示牌，以警示行人绕开行走。禁行区内的路面铺上防护措施，以保护地面不被污染。

（2）楼宇周围如有绿化带，除设置护栏，挂上警示牌外，应对绿化带采取防护措施以防毁坏绿化带。

3. 注意事项

（1）拿牢手中的作业工具，严防掉落。

（2）严禁在操作时相互传递工具或投掷物品。

（3）注意墙体附着物，避免碰伤自己。

（4）监控人员监控到位，严禁离开现场。

（5）2.5米以上为高空作业，操作时必须有监控人员，不能一人操作。

4.禁止事项

（1）安全带和清洁工具没有检查禁止操作。

（2）单梯上不允许俩人或俩人以上同时作业。

（3）没有现场监护人员，禁止操作。

（4）禁止带电作业（擦拭灯具）。

（5）禁止作业时聊天说笑、接打电话。

（6）风力超过6级或气温超过35℃；暴雨、打雷、大雾天气禁止作业。

（7）高空作业工作全部完毕，应检查、清点所有使用的工具和清洁剂以免落在现场，对他人造成伤害；清洁现场保持干净。

（二）清洁剂使用安全规程

（1）清洁剂分为碱性、酸性、中性，使用前必须看清其性质、适应范围，方可根据实际情况使用清洁剂。

（2）根据其说明书按要求进行稀释，稀释后方可使用。切勿将浓度较高的清洁剂直接用于物体表面，以免造成损坏。

（3）使用时操作人员要戴好胶手套，避免清洁剂对皮肤的伤害。

（4）如不小心弄到皮肤上或眼睛里，应急时用水冲洗，情况严重的除冲洗外应及时送到医院治疗。

（5）装清洁剂的容器要粘贴好标识，做好出入库管理，使用时与使用后不能乱扔乱放。

（6）加强清洁剂安全使用的培训，让每一位员工了解和掌握使用方法，提高安全防范意识。

（7）使用清洁剂前必须养成看使用说明书的习惯，严格按照正确配置比例使用，避免安全事故发生。

（8）强酸、强碱清洁剂有很强的腐蚀性、挥发性，属于易燃易爆物品，应单独划定区域进行储存。

（三）保洁员用电安全规程

（1）不准随意拆卸电气设备。

（2）经常接触和使用的配电箱、配电板、按钮开关、插座、插头以及电线等必须保持完好，不得有破损。如发现损坏情况及时上报相关人员。

（3）严禁私拉乱接电线，不允许将电气设备电源线直接插入插座内。

（4）使用电气设备时应把开关或插排固定不要拖拉使用，防止漏电伤人。

（5）严禁使用检修中的电气设备。

（6）在雷雨、风雪天气不要接近高压电杆、铁塔、避雷针等20米内，以免雷击时发生触电。

（7）发生电气火灾时立即上报，用黄沙、二氧化碳等干粉灭火器材灭火。切不可用有导电危险的水或泡沫灭火器灭火。

（8）打扫卫生、擦拭电气设备时，切断电源。严禁用水冲洗或用湿布去擦拭，也不能用湿手和金属物开电气开关。

（四）保洁员意外受伤的处理

1. 突然晕倒的处理

保洁员在烈日下工作突然晕倒，正确的处理方法是将其移到阴凉且空气流通的地方，使晕倒的人员可以呼吸到充足的氧气，并由有经验的人员照顾，疏散围观的人群，直到救护车到达。

2. 沙粒或其他异物入眼的处理

不能用手、纸巾或毛巾擦拭，以免擦伤眼角膜，引起角膜炎而造成严重后果。正确的处理方法是用清水冲洗或及时送医院治疗。

3. 化学品入眼的处理

应立即用大量清水不停地冲洗，直至眼睛恢复正常并尽快送往附近医院。

4. 化学品沾染身体其他部位的处理

用大量清水冲洗，如情况严重需尽快送往附近医院。

5. 高空作业坠落的处理

当从高处坠下者倒卧在地上时，在未了解清楚其受伤情况时，不应立即搀扶。因为，如果坠下者不幸跌伤腰骨出现腰椎骨折，此时扶起伤者就会使其脊椎弯曲。骨折的腰椎就有可能切断脊髓，从而造成其下肢瘫痪；如果是胸椎或颈椎骨折，草率地一扶、一弯甚至会立即危及伤者的生命。正确的做法如图4-10所示。

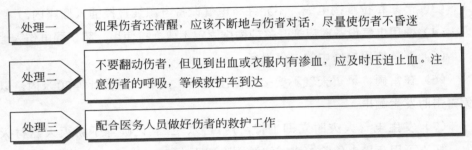

处理一 ▷ 如果伤者还清醒，应该不断地与伤者对话，尽量使伤者不昏迷

处理二 ▷ 不要翻动伤者，但见到出血或衣服内有渗血，应及时压迫止血。注意伤者的呼吸，等候救护车到达

处理三 ▷ 配合医务人员做好伤者的救护工作

图4-10　保洁人员高空作业坠落后的处理

6. 跌断肢骨、断骨刺穿皮肉的处理

应用硬木板托住断肢，用现场可以找得到的干净布料包扎止血，尽量不要移动断骨。

7. 钉或铁杆插入身体的处理

不要把铁杆或铁钉从伤者身体内拔出，应维护原状，将伤者直接送入医院，由医生妥善处理。因为铁杆或铁钉有可能插到血管。如把铁杆、铁钉拔出则可能导致伤者大出血，如果伤及动脉血管，就会有生命危险。在搬动伤者时要确保铁杆、铁钉不移动。

8. 意外触电的处理

应该立即切断电源。如一时找不到电源开关，应该用干的竹、木、胶棍等绝缘体将电线拨开或用以上工具使触电者远离电源，然后立即为触电者进行人工呼吸和胸外心脏按压。只有抢救及时才可能挽救其生命。

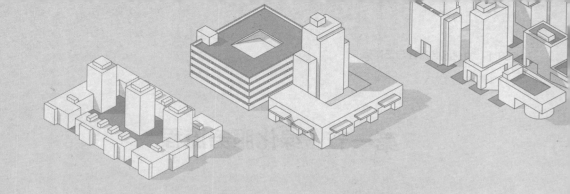

第五章 绿化服务
Chapter five

小区绿化为业主（用户）创造了富有生活情趣的环境，是环境质量好坏的重要标志。随着人们物质、文化生活水平的提高，不仅对居住建筑本身，而且对居住环境的要求也越来越高，因此，物业管理企业应制定规范的流程和标准来提升绿化服务的质量。

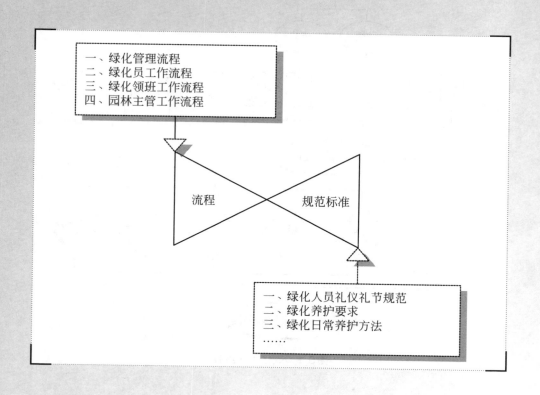

一、绿化管理流程
二、绿化员工作流程
三、绿化领班工作流程
四、园林主管工作流程

流程　　　　　　规范标准

一、绿化人员礼仪礼节规范
二、绿化养护要求
三、绿化日常养护方法
……

第一节 绿化服务流程

一、绿化管理流程

绿化管理流程如图5-1所示。

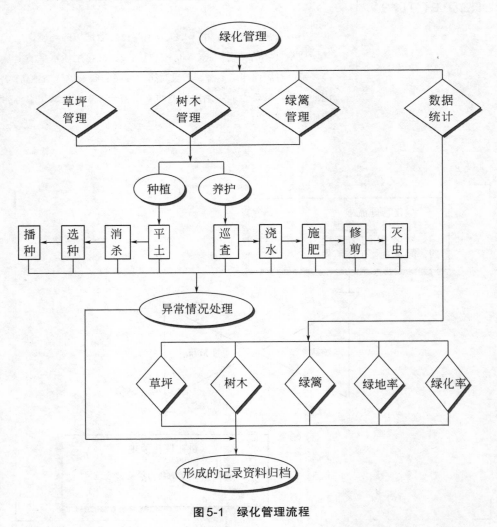

图5-1 绿化管理流程

二、绿化员工作流程

绿化员工作流程如图 5-2 所示。

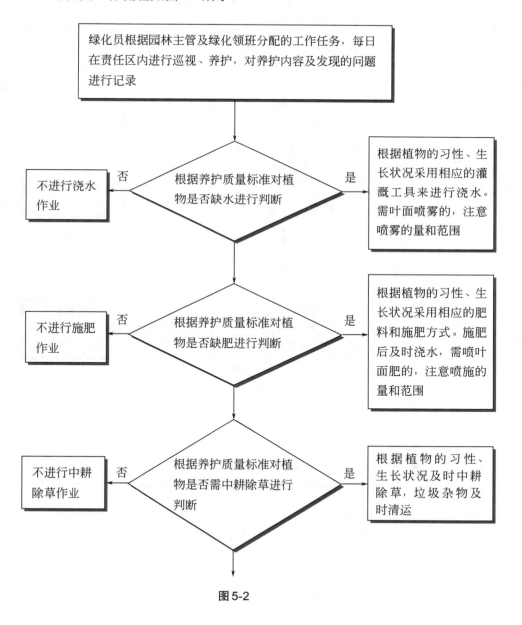

图 5-2

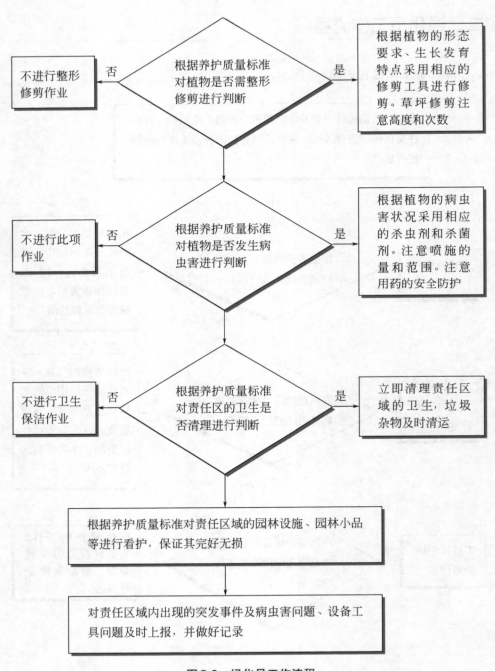

图5-2 绿化员工作流程

三、绿化领班工作流程

绿化领班工作流程如图 5-3 所示。

绿化领班根据园林主管分配的工作任务，每日在责任区内进行巡视、养护，对绿化员进行日常管理，对养护内容及发现的问题进行记录。根据现场实际情况，及时调整工作计划和工作内容。确保养护质量达标

根据养护质量标准对植物是否缺水进行判断

否 → 不进行浇水作业

是 → 根据室内外植物的习性、生长状况，安排绿化员进行灌溉、喷雾作业。并详细说明技术要点和操作要领。对施工质量进行监督，未达到要求的，及时改正

根据养护质量标准对植物是否缺肥进行判断

否 → 不进行施肥作业

是 → 根据植物的习性、生长状况采用相应的肥料和施肥方式。安排绿化员进行施肥、浇水作业。并详细说明技术要点和操作要领。对施工质量进行监督，未达到要求的，及时改正

根据养护质量标准对植物是否需中耕除草进行判断

否 → 不进行中耕除草作业

是 → 安排绿化员进行中耕、除草作业。并详细说明技术要点和操作要领。对施工质量进行监督，未达到要求的，及时改正

图 5-3

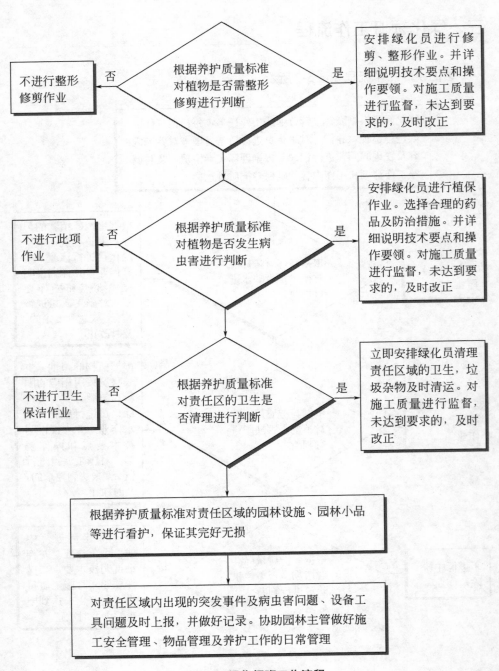

图5-3 绿化领班工作流程

四、园林主管工作流程

园林主管工作流程如图5-4所示。

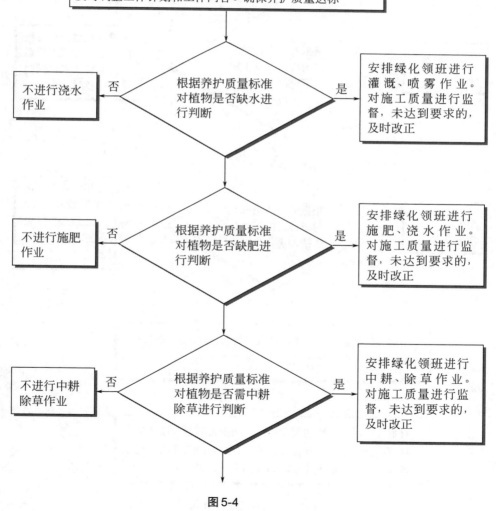

园林主管根据小区实际情况制订合理可行的绿化养护计划，分配养护任务，每日进行巡视，对绿化员进行日常管理，对养护内容及发现的问题进行记录。根据现场实际情况，及时调整工作计划和工作内容。确保养护质量达标

不进行浇水作业 ← 否 — 根据养护质量标准对植物是否缺水进行判断 — 是 → 安排绿化领班进行灌溉、喷雾作业。对施工质量进行监督，未达到要求的，及时改正

不进行施肥作业 ← 否 — 根据养护质量标准对植物是否缺肥进行判断 — 是 → 安排绿化领班进行施肥、浇水作业。对施工质量进行监督，未达到要求的，及时改正

不进行中耕除草作业 ← 否 — 根据养护质量标准对植物是否需中耕除草进行判断 — 是 → 安排绿化领班进行中耕、除草作业。对施工质量进行监督，未达到要求的，及时改正

图 5-4

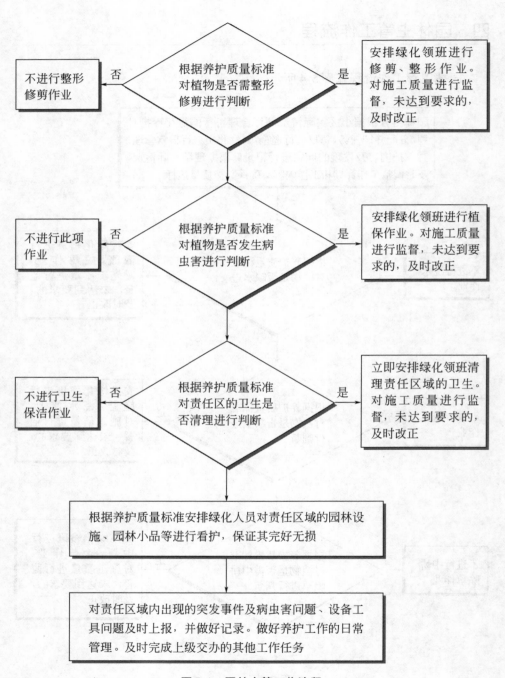

图5-4 园林主管工作流程

第二节 绿化服务规范与标准

一、绿化人员礼仪礼节规范

绿化人员礼仪礼节规范如表5-1所示。

表5-1 绿化人员礼仪礼节规范

序号	项目	规范礼仪礼节
1	仪容仪表	工作时间按岗位规定统一着工装，佩戴工牌
2	服务态度	态度和蔼可亲，举止端庄，谈吐文雅，主动热情，周到优质，礼貌待人
3	浇灌水	（1）浇灌水时，摆放相关标志，以提醒顾客 （2）路上不能留有积水，以免影响顾客行走 （3）节约用水 （4）有业主路过，及时停止工作让路，并可点头致意或问好
4	施肥除虫害	（1）洒药时要摆放消杀标志 （2）不使用有强烈气味或臭味的用料 （3）有客户经过，要停止工作 （4）药水不能遗留在马路或者叶片上，如有遗留，需及时清扫干净 （5）喷洒药水时，须佩戴口罩，如药水有气味，须向业主做好相关解释工作，说明是没有毒性的药物 （6）不在炎热的时候喷洒药水
5	修剪除草	（1）准备和检查使用设备能正常使用，避免有漏油等情况发生 （2）及时清除绿化垃圾，不能摆放在路边影响景观或影响顾客方便 （3）节假日及中午休息时间不能进行操作，以免影响业户休息 （4）有客户经过，要停止工作

二、绿化养护要求

所有绿化养护人员在日常服务中应严格按照公共礼仪要求，进行相应的着装、仪容修饰、行为规范和语言规范。在所有绿化养护程中，应严格遵守国家有关化学品使用和操作规定。

（一）绿化的总体印象

（1）植物无明显病虫为害现象。

（2）草坪不允许有开花杂草。

（3）花丛中不允许有高于花木的杂草。

（4）花草、树木无残缺。

（5）修剪方法正确，造型规正。

（6）无因缺肥导致的生长不良现象，亦无肥害现象。

（7）草坪没有黄土裸露。

（二）园林景观绿化养护服务要求

园林景观绿化养护服务要求如表5-2所示。

表5-2 园林景观绿化养护服务要求

序号	绿化项目	服务要求
1	草坪	定期浇水，草坪及其边界整齐、美观、长势茂盛，无杂草，无病虫害，春夏季无枯草。草高度：秋冬4厘米，春夏3厘米；无黄土裸露；存活率100%
2	花卉	当季花卉按季节盛开；按花卉类别定期浇水、修剪、施肥，无病虫害、色彩艳丽、花型饱满，存活率100%
3	树木	树冠完整、树型美观、主侧枝分布匀称、修剪得当；按树种类别定期浇水施肥，无病虫害，枝、杆、叶长势健壮，存活率100%
4	艺术造型	修剪合理，按植物类别定期浇水、施肥，无病虫害、造型美观平整、轮廓清楚、高度一致，外缘枝叶紧密，存活率100%
5	水生植物	及时清理杂草及枯黄枝叶，长势良好，无病虫害，存活率100%

（三）绿化管理具体标准要求

绿化管理具体标准要求如表5-3所示。

表5-3 绿化管理具体标准要求

草坪	松土	土质松软适中，没有超过20厘米×20厘米的板结土块	
		被人踩出的小道，不能通过管理恢复的，进行铺砖硬化改造	
	施肥	根据草的长势及时施肥	
		夏季每季度施肥不少于1次	
		每次施肥后相应记录	
	浇水	目视草坪，无干枯现象	
		泥土松软潮湿，无干旱现象	
	长势与修剪	修剪后长势良好、茂密、肥壮、无黄土裸露	
		修剪后平整、无明显高低落差、起伏和漏剪	
		修剪后最低不少于5厘米，最高不超过12厘米	
		混凝土、井盖、道牙等边缘应预留明显界限，不应有草地遮盖，边缘处草坪边应修剪平整	
		草坪与灌木相接处应平整，并挖出10～15厘米宽的"界沟"，区分清楚	
		无草坪盖住道牙的现象	
		修剪后将草屑及时清理干净	
		为保障草坪长势良好，部分容易被行人踩踏草坪可采取安装围栏形式予以保护	
	疏草	每10平方米杂草不超过10棵	
		草的根部无枯草堆积、沉淀现象	
		夏季每月疏草1次以上并有相应记录	
		疏草后及时将草坪清理干净	
	病虫害防治	长势翠绿良好	
		无明显病虫害、枯萎现象	

续表

灌木	长势	灌木丛长势密实，目视看不到根部土壤
		绿篱长势密实，无枯萎、缺水、黄叶现象
	修剪	灌木高度在人的腰部以下，修剪面平直整齐
		有造型要求的灌木按要求修剪成形，形态整齐
		修剪后及时清理残枝和落叶
	施肥与浇水	夏季每季度施肥1次，有相应记录
		浇水视长势进行，无明显枯萎，树叶无卷曲
	病虫害防治	长势健壮，目视无病虫害现象
	松土	灌木丛、绿篱带根部土壤松软、无板结现象
		无直径3厘米以上的石块
室内植物	长势	长势健壮、丰满
		无枯萎、枯黄、病态现象
	摆放与美观	摆放位置适宜
		形态整齐美观
	浇水与施肥	叶面无枯黄
		泥土潮湿松软
	卫生	叶面干净、花盆四周光亮
		花槽内无杂物、污物
时花	长势	长势健壮、丰满
		无枯萎、枯黄、病态现象
	摆放与美观	摆放位置适宜
		形态整齐美观
	浇水与施肥	叶面无枯黄
		泥土潮湿松软
	卫生	叶面干净、花盆四周光亮
		花槽内无杂物、污物
乔木	长势	长势良好、无病枝、枯枝现象
	修剪	有造型要求的乔木按要求修剪成型，形态整齐、无凌乱枝条和冗长枝叶

续表

乔木	修剪	景观树树形良好，树与树之间无相互交叉挤压现象
		名贵乔木需挂绿化牌
		乔木与草坪接口的地方刨出直径为1.5米的圆形树坑
	病虫害防治	树叶、树枝、树干无明显病虫害迹象
		乔木直径5厘米以上的截口要封蜡
	施肥与浇水	夏季每季度施肥1次，有相应记录
		浇水视长势进行，无明显枯萎，树叶无卷曲

三、绿化日常养护方法

（一）日常养护方法

1.浇水

植物生长离不开水，但各种植物对水的需要量不同，不同的季节对水的需要量也不一样，所以要根据具体情况灵活掌握，做好浇水工作，具体如表5-4所述。

表5-4　水的需要量的确定方法

序号	确定方法	具体说明
1	根据气候条件决定浇水量	（1）在阴雨连绵的天气，空气湿度大，可不浇水 （2）夏季阳光猛烈，气温高，水分蒸发快，消耗水分较多，应增加浇水次数和分量 （3）入秋后光照减弱，水分蒸发减少，可少浇水 （4）半阴环境可少浇水
2	根据品种或生长期来决定浇水量	（1）旱生植物需要水分少，深根性植物抗旱性强，可少浇水 （2）阴生植物需要水分多，浅根性植物不耐旱，要多浇水 （3）生长期长的植物生长缓慢，需要水分少，可少浇或不浇水

说明：述浇水量和浇水次数确定的原则是以水分浸润根系分布层和保持土壤湿润为宜。如果土壤水分过多，土壤透气性差，会抑制根系的生长。

2.施肥

（1）不同植物及生长期对养分的要求。

园林绿地栽植的树木花草种类很多，有观花、观叶、观姿、观果等植物，又有乔木、灌木之分，对养分的要求也不同，如表5-5所示。

表5-5　不同植物及生长期对养分的要求

序号	植物及生长期	对养分的需求
1	行道树、遮阴树	以观枝叶、观姿为主，可施氮肥，促进生长旺盛，枝叶繁茂，叶色浓绿
2	观花观果植物	花前施氮肥为主，促进枝叶生长，为开花打基础
3	花芽形成	施磷钾肥，以磷肥为主
4	树木生长旺盛期	需要较多的养分，氮磷钾肥都需要，但还是以施氮肥为主
5	树木生长后期	应施磷钾肥，促进枝条、组织木质化而安全越冬

（2）肥料的类别。

肥料分为无机肥和有机肥两种。堆肥、厩肥、人粪是有机肥、迟效肥。化学肥料属无机肥、速效肥。园林绿地由于环境条件限制，有机肥多用作基肥，少用或不用于施肥。速效肥料易被根系吸收，常用作追肥使用，在需要施肥前的几天才施用。迟效肥，放入土壤后，需要经过一段时间，才能为根系吸收，须提早2～3个月施用。

3.整形、修剪

整形修剪是园林栽培过程中一项重要的养护措施，树木的形态、观赏效果、生长开花的结果等方面，都需要通过整形修剪来解决或调节。

树木修剪要根据树木的习性及长势而定，主干强的宜保留主干，采用塔形、圆锥整形；主干长势弱的，易形成丛状树冠，可修成圆球形、半圆球形或自然开心形，此外还应考虑所栽植地环境组景的需要。整形修剪的方式很多，应根据树木分枝的习性，观赏功能的需要，以及自然条件等因素来考虑，如图5-5所示。

图5-5　修剪成型的灌木

（1）整形修剪方式。

整形修剪方式有以下几种，如表5-6所示。

表5-6　整形修剪方式

序号	修剪方式	具体说明
1	自然式修剪	各种树木都有一定的树形，保持树木原有的自然生长状态，能体现园林的自然美，称为自然修剪
2	人工式修剪	按照园林观赏的需要，将树冠剪成各种特定的形式，如多层式、螺旋式、半圆式或倒圆式，单干、双干、曲干、悬垂等
3	自然式和人工混合式	在树冠自然式的基础上加以人工塑造，以符合人们观赏的需要，如杯状、开心形、头状形、丛生状等

（2）整形修剪时间。

整形修剪时间有两个期间，如表5-7所示。

表5-7　整形修剪时间

序号	修剪时间	具体说明
1	休眠期修剪	落叶树种，从落叶开始至春季萌发前修剪，称为休眠期修剪或冬季修剪。这段时间树林生长停滞，树体内养分大部分回归发根部，修剪后营养损失最小，且伤口不易被细菌感染腐烂，对树木生长影响最小

序号	修剪时间	具体说明
2	生长期修剪	在生长期内进行修剪，称为生长期修剪或夏季修剪，常绿树没有明显的休眠期，冬季修剪伤口不易愈合，易受冻害，故一般在夏季修剪

4.除草、松土

除草是将树冠下（绿化带）非人为种植的草类清除，面积大小根据需要而定，以减少草树争夺土壤中的水分、养分，有利于树木生长；同时除草可减少病虫害发生，消除了病虫害的潜伏处。松土是把土壤表面松动，使之疏松透气，达到保水、透气、增温的目的。

5.防治病虫害

花木在生长过程中都会遭到多种自然灾害的危害，其中病虫害尤为普遍和严重，轻者使植株生长发育不良，从而降低观赏价值，影响园林景观。严重者引起品种退化，植株死亡，降低绿地的质量和绿化的功能。

病虫害防治，应贯彻"预防为主、综合防治"的基本原则。预防为主，就是根据病虫害发生规律，采取有效的措施，在病虫害发生前，予以有效地控制。综合防治，是充分利用抑制病虫害的多种因素，创造不利于病虫害发生和危害的条件，有机地采取各种必要的防治措施。

药剂防治是防治病虫害的主要措施，科学用药是提高防治效果的重要保证。科学用药的具体要求如表5-8所示。

表5-8　科学用药的要求

序号	用药要求	具体说明
1	对症下药	根据防治的对象、药剂性能和使用方法，对症下药，进行有效地防治
2	适时施药	注意观察和掌握病虫害的规律适时施药，以取得良好的防治效果

序号	用药要求	具体说明
3	交替用药	长期使用单一药剂，容易引起病原和害虫的抗药性，从而降低防治的效果，因而各种类型的药要交替使用
4	安全用药	严格掌握各种药剂的使用浓度，控制用药量，防止产生药害

（二）日常养护要求

（1）同一品种的花卉，集中培育，不要乱摆乱放。

（2）要分清阳性植物和阴性植物，阳性植物可以终日日晒，而阴性植物只能是在早晨傍晚接受阳光照射。

（3）根据盆栽花卉的植株大小、高矮和长势的优劣分别放置，采取不同的措施进行管理。

（4）不同的花木用不同的淋水工具淋水。刚播下的种和幼苗用细孔花壶淋，中苗用粗孔壶淋，大的、木质化的用管套水龙头淋。淋水时要注重保护花木，避免冲倒冲斜植株，冲走盆泥。

（5）淋水量要根据季节、天气、花卉品种而定。夏季多淋，晴天多淋，阴天少淋，雨天不淋。干燥天气多淋，潮湿天气少淋或不淋。抗旱性强的品种少淋，喜湿性的品种多淋。

住宅楼内阴性植物每星期必须浇水两次，住宅楼外阴性植物除雨天、阴天外，每天早晨须浇水一次（含绿化带、草坪、树木），如遇暴晒天气，每天下午须再浇水一次。花圃内的阴性植物由于受到纱网的遮阴每天早上浇水一次即可（雨天除外）；花圃内的阳性植物每天早晨浇水一次（雨天除外）；如遇暴晒天气，每天下午须再浇水一次。

（6）除草要及时，做到"除早、除小、除了"，不要让杂草挤压花卉，同花卉争光、争水、争肥。树丛下、绿化带里、草坪上的杂草每半个月除一次，花圃内的杂草每星期除一次，花盆内的杂草每3天除一次，并且要清除干净。

（7）结合除草进行松土和施肥。施肥要贯彻"勤施、薄施"的原则，避免肥料过高造成肥害。花木每季度松土和施肥一次，施肥视植株的大小，施后覆土淋水。

（8）草坪要经常轧剪，每月须轧剪一次，草高度控制在5厘米以下，每季度施肥一次，施后淋水或雨后施用。

（9）绿化带和2米以下的花木，每半个月修枝整形一次。

（10）保持花卉正常生长与叶子清洁，每星期揩拭叶上灰尘一次。

（11）发现病虫害要及时采取有效措施防治，不要让其蔓延扩大。喷药时，在没有掌握适度的药剂浓度之前，要先行小量喷施试验后，才大量施用，即做到除病灭虫又保证花卉生长不受害。喷药时要按规程进行，保证人和花的安全。

（12）绿化带每3天杀虫一次；花圃、花盆、花坛每半月杀虫一次；树木、草坪每月杀虫一次。

四、绿化员日常工作程序

绿化美容是保持生态平衡，营造舒适美观、安逸、清新工作环境的基础，为强化绿化管理工作，应按以下流程进行：

（1）绿化员对花圃养育现场要精心培植，细心照料，充分利用有限场地增加品种，并做好花卉的过冬工作。

（2）绿化员要保持花圃整洁卫生，杂物、脏物要及时清理。

（3）绿化员要配合清洁工搞好绿地的环境卫生工作。

（4）绿化员要保护草坪生长良好，严禁制止他人践踏草坪。

（5）花木的死株、病株要清除，缺株要补植。

（6）花盆破损要及时换，盆泥少了要添加。

（7）台风前对花木要做好立支柱、疏剪枝叶的防风工作，风后清除花木断折的干、枝，扶正培植倒斜的花木。

（8）搬运花卉时，要注意保护花卉株形姿态不受损并注意场地卫生，尽量减少花泥及污物的散落。

（9）对花卉实施浇水、施肥、松土、清洗等工作时，要特别注意周边的环境卫生，及时清理周边地面的污泥和水。

（10）发现摆花有枯萎的现象时，要立即更换。

（11）摆花要讲究艺术，品种配置、摆放位置要适当，风格统一协调，构图造型要合理。

（12）发现病虫害，要进行捕捉或喷药消灭。

（13）节约用水，严禁浪费水源。

（14）杀虫农药要妥善保管好。喷洒农药时要按防治对象配置药剂和按规程做好防范工作，保证人、花、木的安全。

（15）学好种花、养花、摆花知识，提高花饰技艺，并向业户宣传讲授，争取业户配合，共同做好花饰工作。

（16）任何无关人员不得随意进出花圃或索要花卉，在较难处理情况下及时上报项目经理。

五、绿化标识档案管理

（1）物业客户服务中心应对管辖绿地内乔、灌木、草坪作统一标识，标识由公司统一制作"单株乔、灌木标牌"和"丛植绿篱、花坛、花境、草坪标牌"。物业客户服务中心应标明植物名称、编号、生态习性、种植日期等栏目内容，并根据管理区域内的实际绿化情况予以布置，如图5-6所示。

（2）物业客户服务中心对植物绿化档案应即时登记填写"物业客户服务中心绿化档案登记表"并汇编存档。

图5-6　绿化标识

六、绿化服务作业标准

（一）草坪养护服务

1.浇灌、排水

（1）用土钻检查草坪土壤干湿程度，土层深100～150毫米处若呈干燥状，应及时进行浇灌。

（2）绿地养护人员应使用专用水管进行浇灌，浇灌应湿透根系层，浸湿的土层深度为100毫米，但不允许地面长时间积水。

（3）浇灌时期和浇灌时间可按下列规定：

① 冷季型草（高羊茅）：春秋两季充分浇水，每周一次。夏季适量浇水，每两周一次宜早晨浇，安全越夏。

② 暖季型草（马尼拉、狗牙根）：夏季勤浇水，每周两次，宜早、晚浇。春秋季每两周一次，冬季可不浇水。

2.修剪

（1）草坪长到70～80毫米时，应予修剪。

① 大面积草坪（面积≥50平方米）应用手推式草坪机进行统一修剪。

② 小面积草坪（面积<50平方米）可用割草机（也称割秆机、打边机）或大号枝剪进行局部修整。

（2）草坪修剪后高度为60毫米左右。

（3）草坪修剪次数如表5-9所示。

表5-9　草坪修剪次数

草坪草种类	用途	修剪次数（次/月）						修剪次数（次/年）	
		5～6月		7～8月		9～10月			
		一级	二级	一级	二级	一级	二级	一级	二级
冷季型草	观赏	2	1～2	1	1	2	1～2	10	8
暖季型草		1	1	2	1～2	1	1	8	7
结缕草	活动休憩	1	1	2	1～2	1	1	8	7
野牛草									

3.清除杂草、杂物

（1）与管理区域的草坪草形态不符的杂草，绿化员应及时进行清除，并要求除早、除小、除净。

（2）清除杂草作业分人工除草和化学除草，如表5-10所示。

表5-10　清除杂草作业方法

序号	作业方法	具体说明
1	人工除草	用尖头小刀进行挑除
2	化学除草	应由绿地养护人员用喷药器进行喷洒，除草剂可根据杂草种类具体配置： （1）双子叶杂草（一般为阔叶杂草）可用2,4-D丁酯乳油等除草剂进行防除 （2）单子叶杂草（一般为条形叶杂草）可用草坪宁1号等除草剂进行防除

（3）一周后，对未清除的部分杂草，可通过人工除草的方法进行补除。除草效果测评，以立姿目视草坪无杂草为准。

4.施肥

（1）冷季型草种追肥宜在春季或秋季，暖季型草种追肥宜在晚春。

（2）追肥应以复合肥料为主，追肥的时间和数量可根据土壤肥力、草种和幼苗生长等情况而定。

早春、晚秋可施有机肥，施肥方法可撒施和根外追肥。

（3）每年施肥一次，每次施肥成分含量分别为：磷3克/平方米；钾2克/平方米；氮5克/平方米。

5.病、虫害防治

病、虫害防治，应以防为主，防治结合。

（1）预防：预防性喷药每年一次，预防病害以喷灭菌灵等为主，常用浓度800～1000倍液；预防虫害以喷爱福丁等为主，常用浓度2000倍液。

（2）除害：可依具体情况，选择无公害药剂或高效低毒的化学药剂消除病、虫害。

6.其他养护

草坪边缘线应整齐划一，装饰性草坪或花坛，可运用切边机进行切边养护。

（二）树木养护服务

1.浇灌、排水

（1）夏季浇灌宜早、晚进行，冬季浇灌宜在中午进行，浇灌要一次浇透，尤其是春、夏季节。

（2）若处高温久旱（气温高于35℃，10天未下雨），应及时进行浇灌，一般应在清晨或傍晚进行浇灌。

（3）暴雨后一天内，树木周围仍有积水，应予排水。对处于地势低洼处的雪松等易受水淹的树种可采取打透气孔的方式排水（挖若干小洞，直径50毫米左右，至根部；垂直插入相同直径PVC管，周边用土填实）。

2.中耕、除草

（1）树木根部附近的土壤要保持疏松，易板结的土壤，在蒸腾旺季应每两个月松土一次。

（2）乔木、灌木周围大型野草，应结合中耕进行铲除，特别注意具有严重危害的各类藤蔓（如菟丝子等）。

（3）中耕、除草宜在晴朗或初晴天气，且土壤不过分潮湿的条件下作业。

3.施肥

（1）树木休眠期可施基肥（如豆饼），每年10月中旬至11月进行一次。树木处于生长期，可依据植株的长势对其施追肥。（注：花灌木应在花期前、花期后进行。）

（2）一般乔木胸径在15厘米以下的，每3厘米胸径可施堆肥0.5千克，胸径在16厘米以上的，每3厘米胸径施堆肥0.5～1.5千克。树木青壮年期欲扩大树冠及观花、观果植物，可适当增加施肥量。

（3）乔木和灌木均应先挖好施肥环沟，其外径应与树木的冠幅相适应，深度和宽高均为25～30厘米。

（4）施用的肥料种类应视树种、生长期及观赏等不同要求而定。早期欲扩大冠幅，宜施氮肥，观花、观果树种应增施磷钾肥。

（5）施肥宜在晴天。

4.修剪、整形

（1）树木应通过修剪调整树形，均衡树势，调节树木通风透光和肥水分配，调整植物群落之间的关系，促使树木茁壮生长，各类绿地的乔木和灌木的修剪以自然树形为主。

（2）乔木类：主要修除徒长枝、病虫枝、交叉枝、并生枝、下垂枝、扭伤枝以及枯枝和烂头。

（3）灌木类：灌木修剪应使枝叶繁茂，分布匀称，修剪应遵循"先上后下，先内后外，去弱留强，去老留新"的原则进行。

（4）绿篱类：绿篱修剪，应促其分枝，保持全株枝叶丰满。花球应确保春、秋两季各修剪一次。

（5）地被、攀缘类：地被、攀缘植物修剪应促进分枝，加速覆盖和攀缠的功能，对多年生的攀缘植物要每年一次翻蔓，清除枯枝。

（6）修剪时切口都要靠节，剪口要平整，对于过于粗壮的大枝应采取分段截枝法，操作时应注意安全。

（7）休眠期修剪以整形为主，可稍重剪；生长期修剪以调整树势为主，宜轻剪。有伤流的树种应在夏、秋两季修剪。

5.补植树木

（1）树木缺株应尽早补植。

（2）补植季节规定。

① 落叶树：应在春季土壤解冻以后，发芽以前补植或在秋季落叶以后土壤冰冻以前补植。

② 针叶树、常绿阔叶树：应在春季土壤解冻以后，发芽以前补植，或在秋季新梢停止生长后，降霜以前补植。

（3）补植的树木，应选用原来树种，规格也应相近似，若改变树种或规格则应与原来的景观相协调，补植行道树树种应与同路段树种一致。

6.枯死植株的挖除

（1）结合补植工作对枯死植株进行调整。

（2）挖除枯死植株作业，应事先报经市园林主管部门审批，任何单位与个人无权擅自挖除。

（三）花坛、花境养护服务

1.花坛的养护、管理

（1）根据天气情况，保证水分供应，宜清晨浇水，浇水时应防止将泥土冲到茎叶上。

（2）做好排水措施，防止雨季积水。

（3）应及时做好病虫害防治工作。

（4）花坛保护设施应经常保持完好。

（5）花坛内应及时清除枯萎的花蒂、黄叶、杂草、垃圾；及时补种、换苗。花坛内缺株倒苗一级不得超过10%，二级不得超过15%，基本无枯枝残花，一级残花量不得大于15%，二级残花量不得大于20%。

2.花境的养护、管理

（1）及时修剪、整枝，花后及植株休眠期一级残花枯枝量不得大于15%，二级残花枯枝量不得大于20%。

（2）每年休眠期可适当耕翻表土层，施加有机肥，如豆饼、骨粉。

（3）及时做好病虫害防治工作，每年在春季、夏季进行预防性喷药各一次。

（4）落实日常养护，做到立姿目视无杂草、垃圾。